BURT FRANKLIN: RESEARCH & SOURCE WORKS SERIES
Selected Studies in History, Economics, & Social Science:
n.s. 8 (c) Modern European Studies

LES DOCTRINES ÉCONOMIQUES

DE COLBERT

LES DOCTRINES ÉCONOMIQUES

DE COLBERT

PAR

J. DE MAZAN

BURT FRANKLIN
New York, N. Y.

Published by LENOX HILL Pub. & Dist. Co. (Burt Franklin)
235 East 44th St., New York, N.Y. 10017
Originally Published: 1900
Reprinted: 1972
Printed in the U.S.A.

S.B.N.: 8337-2309-X
Library of Congress Card Catalog No.: 72-85104
Burt Franklin: Research and Source Works Series
Selected Studies in History, Economics, & Social Science:
n.s. 8 (c) Modern European Studies

Reprinted from the original edition in the University of Illinois
at Urbana, Library.

BIBLIOGRAPHIE

P. Clément. Lettres, instructions et mémoires de Colbert, Paris 1868, 7e volume.

Depping. Correspondance inédite sous le règne de Louis XIV, entre le cabinet du roi, les secrétaires d'État, etc., Paris, 1850-55, 4 vol.

E Daire. Les économistes du XVIIIe siècle, Vauban, Boisguilbert, Law, Melon, Dutot, 1 vol. Paris, Guillaumin, 1843.

Savary des Brulons. Dictionnaire universel du commerce, 3e vol. Paris, 1741, art. « Réglements », t. III.

Forbonnais. Recherches et considérations sur les finances de la France depuis l'année 1595, jusqu'à l'année 1721, 2 vol. Basles, 1758.

A. Smith. Recherches sur la nature et les causes de la richesse des nations, traduction du comte Germain Garnier. Paris, 1843, 2 vol. Critique du mercantilisme, 2e vol.

Mengotti. Il colbertismo, 36e volume de la collection des « scritori classici di Economia politica » publié en 50 volumes à Milan, 1803-1816.

Jourdan, Isambert, Decrusy. Recueil général des lois françaises. Paris 1822-33, 29 vol. t. XVIII et XIX.

P. Clément. Histoire du système protecteur en France, Paris, Guillaumin, 1854, 1 vol.

Ch. Gouraud. Histoire de la politique commerciale de la France, 2 vol., Paris, 1854, 2e vol.

Joubleau. Etude sur Colbert où exposition du système d'Economie politique de 1681 à 1683, Paris, 1856, 2 vol.

Dareste de la Chavanne. Histoire des classes agricoles en France, 2e édition, Paris, 1858, 1 vol.

DE MAZAN

G. Roscher. Principes d'Economie politique, traduits par L. Wolowscki, Paris, 1857, 1 vol.

Baudrillart. Bodin et son temps, 1 vol. Paris, Guillaumin, 1853.

Levasseur. Histoire des classes ouvrières en France depuis Jules Cœsar jusqu'à la Révolution de 1789, 2 vol., Paris, Guillaumin, 1859, 2e vol.

A. Feillet. La misère au temps de la Fronde, et saint Vincent de Paul, 4e édit., Paris 1868.

H. C. Carey. Principes de la science sociale, traduction par Saint-Germain, Paris, 1861, 3 vol.

Levasseur. Histoires des classes ouvrières en France depuis 1789, jusqu'à nos jours, 2 vol. Paris, Hachette, 1867, 1er vol.

P. Clément. Colbert et son temps, 2 vol. Paris, 1874.

Rougier. La liberté commerciale, les douanes et les traités de commerce. Paris, sans date.

A. Neymarck. Colbert et son temps, 2 vol. Paris, Dentu, 1877.

blunstchli. Théorie générale de l'État, traduit de l'allemand avec préface de Riedmatten, Paris, 1877.

Taine. Les origines de la France contemporaine, l'ancien régime, 7e édit. Paris, 1879.

R. Stourm. Les finances de l'ancien régime et de la Révolution, 2 vol., Paris, 1885, 1er vol.

Pigeonneau. Histoire du commerce de la France, 2 vol. Paris, 1885-89, 2e volume, Le xvie siècle, Henri IV, Richelieu.

Th. Funck-Brentano. Économie politique patronale. — Traité d'économie politique de Montchrétien avec préface de Th. Funk-Bretano, Paris, 1889.

Leroy-Beaulieu. La colonisation chez les peuples modernes, 4e édit. Paris 1891, 1 vol.

Bonnassieux. Les grandes compagnies du commerce, étude pour servir à l'étude de la colonisation, Paris, 1892, 1 vol.

L. Say et J. Chailley. Nouveau dictionnaire économique, t. II, « Liberté des échanges » pages 139 à 166. Paris, Guillaumin, 1892.

Ingram. Histoire de l'économie politique traduite de l'anglais par H. de Varigny et E. Bonnemaison, 1 vol. Paris, Larose, 1894.

Cauvès. Cours d'économie politique, 3e édit. Paris, 1893, 4 vol.

Revue des Deux-Mondes. Année 1896, t. X, p. 1, article de Lexis sur « l'Historique du Protectionisme ».

Ch. Gide. Principes d'économie politique, 6e édit.. Paris 1896.

P. Masson. Histoire du commerce français dans le Levant au XVIIe siècle. Thèse présentée à la Faculté des Lettres de Paris, Paris, Hachette, 1896.

Martin Saint-Léon. Histoire des corporations des métiers, depuis leur origine jusqu'à leur supression en 1791, Paris, Guillaumin, 1897, 1 vol.

H. Denis. Histoire des systèmes économiques et socialistes, Bruxelles, sans date.

A. Espinas. Histoire des doctrines économiques, Paris, sans date.

H. Hecht. Colbert's politische und volkwirtschaftliche Abhandlungen der badischen Hochschulen, Leipsig, 1898.

L. Mosnier. Origine et développement de la grande industrie en France, du XVe siècle à la Révolution. Thèse de doctorat présentée à la Faculté de Paris. Paris, 1898.

L. Cossa. Histoire des doctrines économiques avec préface de A. Deschamps, Paris, 1899, 1 vol.

J. Rambeaud. Histoire des doctrines économiques, 1 vol. Paris, Larose, 1899.

ESSAI

SUR LES DOCTRINES ÉCONOMIQUES

DE COLBERT

INTRODUCTION

SOMMAIRE. — Rapports étroits qui existent entre l'économie politique d'une nation et les autres branches de son activité sociale. Le mercantilisme est l'ensemble des idées, que l'on s'est faites du XVIᵉ et XVIIIᵉ siècle, sur la société toute entière : Son économie politique dérive de sa politique.
Exposé de cette politique. — A l'intérieur, les progrès politiques de la royauté unis à ceux du Tiers-État conduisent à la doctrine du pouvoir absolu du roi dans l'État et de l'État dans la nation. Ce pouvoir absolu s'étend non seulement sur le terrain de la politique, mais encore sur le terrain économique. — Circonstances qui favorisent cette main-mise de l'État sur la nation. Exemples tirés de la conduite de Colbert.
A l'extérieur, cette doctrine politique conduit les hommes d'État français et Colbert notamment à poursuivre la suprématie politique du roi de France en Europe. Mais comme ils croient que pour cela il leur faut beaucoup d'or et d'argent, ils veulent diriger l'activité économique du pays dans le sens d'un développement de plus en plus considérable du commerce extérieur qui, d'après eux, est le seul moyen d'augmenter l'or et l'argent existant en France.

Les idées économiques de Colbert, telles qu'elles nous sont révélées par la lecture des lettres, mémoires et instructions qu'il a laissés, par la connaissance des réformes qu'il a entreprises, comme ministre de Louis XIV, ne sauraient être véritablement comprises que par l'étude préalable du mercantilisme, dont il est un des représentants les plus autorisés et des causes qui ont donné naissance à cette doctrine celebre. Cette introduction a précisément pour but de donner quelques notions très sommaires sur cette doctrine et sur ses origines probables.

Les physiocrates et les économistes classiques, depuis Adam Smith (1), ne nous ont guère représenté le mercantilisme que comme un ensemble de préceptes économiques plus ou moins arbitraires, destinés a amener dans un pays déterminé la plus grande quantité possible d'or et d'argent. Les économistes de l'école nationale comme List n'ont vu, à leur tour, dans cette doctrine qu'une sorte de politique économique comme le libre-échange ou le protectionisme.

Le moindre défaut de ces notions sur le mercantilisme est d'être incomplètes, parce qu'elles ne rendent pas un compte suffisant d'un très grand nombre de prescriptions propres à cette doctrine. C'est pourquoi les économistes de l'école historique, surtout ceux de l'école allemande, me paraissent donner une notion plus complète et plus exacte, en prétendant que le mercantilisme renferme l'ensemble des idées que l'on se faisait de la société de cette époque, tant au point de vue économique qu'au point de vue politique et social. La partie économique n'est pour cette école que l'un des

(1) ADAM SMITH Richesses des nations, t. II, pp. 29 et suiv.

aspects de la vie sociale de cette époque qui, pour être comprise, exige la connaissance des principes directeurs de cette société (1). Cette théorie est séduisante ; il paraît, en effet, bien difficile d'expliquer une doctrine économique quelconque, en faisant abstraction du lieu et du temps où elle a pris naissance. L'économie politique n'est, en définitive que l'ensemble des notions qu'une société s'est formée, sur la manière dont elle comprend la richesse, qui est l'élément matériel de son existence, et les moyens qu'elle a à sa disposition pour l'acquérir, Or, est-il bien possible de nier que la façon dont une société comprend cet élément de son existence, et la façon dont elle comprend les autres éléments de cette même existence, soient sans rapport l'une avec l'autre ? Il est certain, au contraire, que des réactions mutuelles se produisent sur la façon dont on envisage ces divers aspects de la vie sociale qui forment un tout changeant, se transformant, évoluant ensemble (2). Nous allons donc, examiner quels ont été les principes dominants qui ont guidé la société, à l'époque ou régna le mercantilisme en économie politique, et nous verrons ensuite dans tout le cours de cette étude que la caractéristique de la société a été également la caractéristique de son économie politique.

Le mercantilisme régna pendant deux siècles, au moins, du xvi⁰ siècle au milieu du xviii⁰ siècle. Or, cette époque est précisément celle, où sont nées et se sont développées d'une

(1) INGRAM. Histoire de l'Economie politique, p. 280 et suiv.
(2) H. DENIS. Histoire des systèmes économiques et socialistes. Introduction.

façon définitive, les grandes nationalités modernes (1). Cette formation a eu, tout à la fois, pour instrument et pour résultat : l'État tel que nous le concevons aujourd'hui.

La formation de l'État moderne est, au fond, le grand fait social de cette époque (2). Elle absorbe toutes les énergies de la société et en un certain sens elle la domine et l'explique toute entière. Elle fait la préocupation de tous les penseurs et de tous les hommes d'État, qui à un titre ou à un autre, s'occupèrent de la société, soit pour l'expliquer, soit pour la diriger (3).

Cette préoccupation fut légitime, car pour peu que l'on veuille réfléchir, on verra que ce ne fût vraiment pas trop de l'effort réuni de toutes les forces sociales pour amener le triomphe de l'État moderne.

Tandis, en effet, qu'il s'affirmait à l'extérieur comme chef et directeur d'une nationalité automone dans des luttes sanglantes avec les nationalités voisines, il devait lutter à l'intérieur contre les derniers restes de la féodalité, en réunissant contre cette institution, qui entravait son action, tous les ennemis que le temps avait développés en elle.

Tout un ordre social est né de ces luttes, donnant naissance à son tour à tout un corps de doctrines, qui est à proprement parler le mercantilisme et qui forme en même temps la source de toutes les idées économiques de Colbert.

---

(1) INGRAM. *loc. cit.*, pp. 54 et suiv.
(2) BLUNTSCHLI. L'état, pp. 51 et suiv.
(3) Voir notamment : BAUDLILLART. — BODIN et son temps. — FUNCK-BRENTANO. — MONTCHRÉTIEN : traité d'économie politique.

Il est facile maintenant, de comprendre la différence essentielle qui peut exister entre le mercantilisme et les doctrines qui l'ont suivi. Elle se sont développées dans des milieux bien différents et sont l'expression également de sociétés différentes. C'est ce qui explique les divergences de vues, qui existent entre ces diverses doctrines, sur la solution à donner aux questions très importantes, qui se posent à propos de la société et qui sont celles qui déterminent la solution de toutes les autres.

Aujourd'hui, en effet, nous considérons toute société, et en particulier la société nationale, comme un tout indivisible dont les diverses parties, ont des besoins, des droits et des devoirs communs. Elle trouve, en un mot, en elle-même la raison suffisante de son existence. Cette définition de la société reste la même, si l'on pense avec l'école classique ou libérale que le but de la société est d'assurer le maximum de bien-être à la majorité de ses membres, ou si l'on veut, avec l'école nationale qu'elle dirige tous ses efforts dans le sens d'un accroissement de plus en plus grand de sa puissance future.

Il n'en était pas ainsi avant la Révolution française, à une époque, où la société était toute imprégnée encore des doctrines mercantilistes. La nation se distinguait nettement alors en gouvernants et en gouvernés, en souverain et en sujets (1). Les intérêts de l'un n'étaient pas nécessairement les intérêts des autres, et il y avait entre ces deux éléments

(1) H. HECHT. Vues politiques et économiques de Colbert, p. 3.

dont la réunion forme la nation, une sorte d'opposition qui donnait au mercantilisme son caractère particulier. Ce conflit, en effet, se solutionna de la façon la plus simple du monde au profit de l'État, dont l'action, par suite des circonstances particulières que nous venons d'exposer, était à ce moment-là toute puissante. Il fut donc admis : que les sujets avaient, avant tout, le devoir d'obéir au souverain national, représentant de l'État. Et le souverain, à son tour, vit dans la société qu'il avait à conduire, moins un organisme, dont l'action avait pour but d'assurer son existence et son développement social, qu'une force destinée à servir au maintien et à l'accroissement de sa souveraineté et de sa puissance personnelle(1). Le peuple n'était donc destiné, dans la pensée des souverains de cette éqoque qu'à remplir leur trésor et à peupler leur armée. Cette idée est exprimée plusieurs fois dans les Mémoires adressés au roi par Colbert (2). Voici notamment ce qu'il dit à propos des impôts :

« Comme il faut que les peuples aient de quoi payer avant qu'ils pensent à s'acquitter de leurs impositions, la conduite universelle des Finances doit toujours veiller et employer tous ses soins et toute l'autorité de votre Majesté pour procurer aux peuples la facilité de vivre et de payer leurs impositions (3) ».

(1) BLUNSTCHLI. *Loc. cit.*, p. 51.
(2) P. CLÉMENT. Introduction aux lettres, instructions et mémoires de Colbert, t. IV, p. 25 et suiv.
(3) Lettres, instructions et mémoires de Colbert, t. VII, p. 235.
— Voir également le même ouvrage, t. II, partie, p. 660.

Ainsi donc, si aujourd'hui, après la Révolution, toute étude d'économie politique s'appuie sur une recherche des intérêts du peuple ; à la période mercantiliste, au contraire, toute étu le de ce genre supposait la recherche préalable des intérêts des souverains et de leur gouvernement. C'est pourquoi, la connaissance et l'explication du mercantilisme sont liées très étroitement, à l'étude de la politique suivie, soit à l'intérieur, soit à l'extérieur, par les gouvernements de cette époque. Nous aboutirons même, à cette conclusion que le mercantilisme est, avant tout, une doctrine politique, par suite de la prédominance que cet élément de la vie sociale a acquis sur les autres.

Nous allons, maintenant, donner un aperçu très rapide de ce qu'a été, en France, la politique suivie, soit à l'intérieur, soit à l'extérieur du pays, pendant la période que nous étudions.

La politique intérieure du gouvernement en France, fut déterminée par les conditions, dans lesquelles il se développa et par les éléments qui ont aidé à sa formation.

Le sentiment très profond que la nation avait acquise de son unité morale à la fin du moyen âge trouva l'incarnation de ce sentiment dans la royauté francaise, qui devint, dès lors, l'élément le plus actif de la formation de cette unité. Elle trouva un auxiliaire puissant, dans le Tiers-État, ou bourgeoisie des villes, qui se trouva gêné la première, dans son expansion économique par les mille entraves du système féodal. Ces deux puissances se fortifièrent l'une par l'autre et tendirent toutes les deux à la formation du royaume français : la royauté, par une centralisation administrative et militaire, de jour en jour, plus envahissante; la bourgeoisie, en unifiant la France, au point de vue économique, par le développement du commerce et de l'industrie. Elles se soutinrent ainsi jusqu'à la veille de la Révolution et cette union est une des caractéristiques du mercantilisme qui ont certainement le plus influé sur la formation de son économie politique (1).

La réunion de ces deux éléments ne fut pas particulière à la France ; ce phénomène se manifesta avec la naissance du mercantilisme dans toute l'Europe, mais jamais cette union ne fut aussi complète qu'en France. Elle se manisfesta tout d'abord en Espagne, où elle provoqua une expansion commerciale, dont la possession du Nouveau-Monde fut la suite. Mais, malgré la puissance économique qu'elle dut aux mines d'or et d'argent du Pérou et du Mexique, l'Espagne ne put conserver la prééminence économique et politique qu'elle avait eue un instant en Europe. Et elle la perdit justement en renonçant à cette union entre la royauté et la bourgeoisie des villes qui devait faire la fortune de la France. La constitution toute militaire de l'Espagne l'amena à développer surtout sa noblesse et à sacrifier son Tiers-État qui fut ruiné par des entraves de toutes espèces mises à son commerce et à son industrie. De telle sorte que, lorsque les guerres eurent ruiné sa noblesse, elle ne put,

(1) Th. Funk-Brentano. Introduction au traité de l'économie politique de Montchrétien.

comme la France, trouver un secours dans le Tiers-État (1).

Le même phénomène se remarque également dans les Pays-Bas où, dès le moyen-âge, l'alliance entre les villes flamandes et leur souverain naturel donne une prospérité énorme au commerce et à l'industrie. Mais cette union disparaît avec le développement maritime de la Hollande, dont le genre de commerce avait moins besoin de la protection du souverain, et avec la lutte soutenue par elle contre son souverain naturel, dont la déchéance amène l'avènement de la forme républicaine de son gouvernement.

Il en fut tout autrement en France, où l'alliance entre la royauté et la bourgeoisie, détermine la formation de l'État moderne et caractérise tout l'état social de cette époque. Dès Philippe le Bel, en effet, elle amène la formation d'un fonctionnarisme bien caractérisé et relié fortement au pouvoir central. Les luttes du règne de Louis XI ne font que fortifier la puissance de cette administration qui, par plus d'un côté déja, ressemble à la forte organisation de l'administration romaine. Elle atteint enfin son apogée avec Richelieu et Colbert, qui s'en servent pour donner au pays tout entier une impulsion économique éclairée, qui transforme le pays, d'agricole qu'il était, en pays industriel, favorisant ainsi le Tiers-Etat des villes qui avait coopéré au triomphe de la Royauté (2).

---

(1) H. HECHT. loc. cit., pp. 5 et 6. PIGEONNEAU. Histoire du commerce de la France, t. II, pp. 235 et suiv.

(2) Voir FUNK-BRENTANO, loc. cit. LEVASSEUR. Histoire des classes ouvrières, t. II, pp. 168 et suiv.

L'administration royale se fortifia encore au milieu des
luttes que la France eut à soutenir contre les nations voisines et qui livrèrent à la royauté, dans un but de défense
commune, toutes les forces vives de la nation. C'est ainsi,
au milieu de ces luttes, que la royauté prit ce caractère
d'absolu qui trouva en Louis XIV son représentant le plus
autorisé. Elle prit, en même temps, une sorte de caractère
religieux qui la plaça au-dessus de toute entreprise et de
tout pouvoir humain. Le vieux droit féodal, qui divisait la
souveraineté à l'infini et en faisait l'objet de conventions
privées, fut définitivement rejeté. Le roi concentra, dans sa
personne, la plénitude de la souveraineté ; Il fut, selon
l'expression des juristes de Toulouse au xvie siècle : « le
vicaire de Jésus Christ, le roi des rois, l'égal de l'empereur
d'Allemagne et même du Pape » (1).

Cette identification du roi avec l'État prit une portée re-
doutable, lorsque sous l'influence de la Réforme et des
vieilles doctrines politiques de l'antiquité, rajeunies par les
penseurs de la Renaissance, l'État vit son rôle grandir audelà de toute mesure. Il fut considéré comme le but et la
raison d'être de toute la vie sociale, indépendant par
conséquent, de tout contrôle ; idée que Machiavel, dont
le livre du Prince fut le bréviaire des rois, exprima d'une
façon saisissante, en écrivant que l'État doit désormais se
dégager, dans son action, de toute préoccupation théologique
ou morale (2).

(1) ESPINAS. Histoire des doctrines économiques, p. 121.
(2) BLUNTSCHLI, loc. cit., p. 51. « Machiavel, dit-il, célèbre

Après une lutte de près de cent ans, qui se termina avec la Fronde (1), cette doctrine triompha définitivement avec Louis XIV.

Le roi devint alors, sans contestation possible, le souverain absolu, la puissance suprême et sans recours de son royaume (2) ; il devint l'origine de toute puissance dans l'État; (3) il fut l'unique pouvoir législatif et la source du droit : « La volonté du prince fait la loi » déclara Colbert, dans une délibération sur la réforme de la justice (4). La coutume elle-même, dont la puissance législative n'était pas contestée au moyen-âge, comme source du droit, n'avait force de loi que par l'approbation du roi (4). Ce pouvoir s'étendait même à tout un ordre de choses que nous considérons aujourd'hui comme étant du domaine de la conscience; le roi se considérait, en effet, comme le gardien des

l'État comme la plus élevée des existences contingentes. Il l'aime avec passion et lui sacrifie tout sans hésiter, religion et vertu même ».

(1) LEVASSEUR, *loc. cit.*, p. 168, « La nation se soumit sans défiance à la tutelle de la royauté. La Fronde, en lui faisant sentir l'impuissance de ses efforts et les funestes conséquences des troubles civils, lui avait inspiré le dégoût de la rébellion, et l'avait fortement rattachée au joug qu'elle avait voulu secouer ».

(2) Colbert plus que personne, fut pénétré de cette religion de la royauté ; voir, Histoire de Colbert par P. CLÉMENT, préface de Geffroy, p. 7 ; voir également Pierre CLÉMENT, introduction aux lettres, mémoires et instructions, t. IV, p. 11.

(3) « Votre Majesté, qui n'aura d'autres bornes de sa puissance que sa volonté et sa volonté n'a d'autres bornes que celles de sa justice et de sa bonté ». Voir lettres, inst. et mém. de Colbert, t. II. Annexes, p. 142 et 144.

(4) Let., inst. et mém., t, VI, p. 380 et 382. — *Id.*, p. 384 et 385.

croyances religieuses de ses sujets (1) : la révocation de l'Édit de Nantes en fut la preuve. A sa qualité de législateur, le roi y joignait encore celle d'interprète du droit et de juge suprême (2). Ce fut au xviie siècle une maxime reconnue d'ordre public que toute justice émanait du roi, contrairement au droit féodal, qui faisait du droit de rendre la justice une des attributions de la propriété de la terre. Par sa qualité même de législateur et de juge le roi est au-dessus des lois qu'il a faites, car il n'existe aucune puissance supérieure à la sienne pour le contrôler. En droit, par conséquent, il n'est tenu à aucune obligation.

Ce pouvoir sans limites du roi a pour contre-partie la soumission absolu de ses sujets ; le droit de l'État annihile le droit de l'individu, contrairement à la théorie politique de la Révolution, par laquelle l'État n'est que le gardien des droits individuels de tous les citoyens (3). Cette obligation pour les sujets commence au jour de leur naissance ou de leur naturalisation et ne peut cesser de leur vivant que par la volonté du roi. Voici, en effet, ce que Colbert écrit à l'envoyé français en Hollande. « Vous savez bien que l'obligation, que les sujets contractent à leur naissance envers leur souverain, ne peut être effacer que par son consente-

(1) Let., inst. et mém., t. VI, p. 437.
(2) Let., inst. et mém., t. I, p. 252 et 258, considérations sur l'arrest du Parlement de Paris du 18 aoust, 1656, sur les évocations. Voir également, t. VI, p. 386.
(3) BLUNTSCHLI, loc. cit., p. 50. « L'État moderne reconnaît, à tous, les droits de l'homme ».

ment (1). Cette doctrine fut appliquée avec la dernière rigueur aux protestants qui voulurent échapper par l'exil à l'abjuration (2). Les sujets ne sont donc pas liés, vis-à-vis de leur souverain, par des liens de droits et de devoirs réciproques, mais ils doivent, en vertu même de leur qualité de sujets, une soumission entière et sans réserve (3)». La volonté de Dieu, dit Louis XIV dans ses œuvres, est que, quiconque est sujet obéisse sans discernement (4)». Cette prescription s'étend à tous les sujets sans distinction, car, vis-à-vis du roi, ils sont tous égaux (5). Entre eux, comme nous l'expliquerons, il y a de nombreuses distinctions, tenant à la diversité de leurs fonctions et aux diverses coutumes qui les régisseut et qui sont un legs du moyen âge (6). Le roi, en effet, n'a détruit l'organisation féodale, que dans les limites, où cette organisation contrariait l'action de son pouvoir souverain. Mais, à ce point de vue, son triomphe fut complet : à l'administration féodale, il substitua une administration très centralisée, dépendant entièrement de sa volonté et fondée sur des idées absolument différentes.

(1) Let., inst. et mém. de Colbert, t. II, partie 2, numéro 133. — 12 sept. 1670, p. 552. — Voir également, ibidem , t. II, p. 708.
(2) Let., inst. et mém., t. VI, p. 158, n° 2.
(3) Let., inst. et mém., t. VI, p. 385 et 390.
(4) Œuvres de Louis XIV, cité par H. Hecht, loc. cit., p. 15.
(5) Let., inst. et mém. t. VI, p. 381. « Le principal fondement (de la justice) consiste dans l'égale soumission de tous les sujets ».
(6) Let., inst. et mém., t. VI, p. 399. « La France est composée de 3 ordres principaux qui sont l'Église, la noblesse et la justice » voir également ibid., t. IV, n° 25, p. 30 ; t. VII, p. 234 et 255.

DE MAZAN

Tandis, en effet, que l'administration féodale reposait sur l'idée de la souveraineté liée à la possession de la terre, et conduisait ainsi à une décentralisation excessive des pouvoirs politiques, l'administration royale, au contraire, reposait sur l'idée de la souveraineté absolue d'un État omnipotent, complètement indépendant de la propriété et superposé en quelque sorte à la nation dont il exigeait l'obéissance. Tout tendait naturellement à la centralisation (1).

Cette centralisation administrative fut le but constant de la politique royale à l'intérieur du pays, car elle était la réalisation effective de la souveraineté du roi. Elle a, du reste, progressée avec l'autorité royale elle-même, et a si fortement imprégnée nos institutions politiques, qu'aujourd'hui encore beaucoup de nos traditions administratives, comme le fait remarquer M. Taine, remontent à l'ancien régime. Elle a, dans une très large mesure, contribué à la formation de notre tempérament politique actuel.

Colbert contribua, lui aussi, et plus que personne peut-être, à la réalisation de l'unité administrative de la France. Cette préoccupation fut une des principales de sa vie politique ; voici, en effet, ce qu'il écrit au roi peu de temps après sa nomination : « Mais si Votre Majesté s'est proposée quelques plus grands desseins, comme le serait celui

---

(1) TAINE. Les origines de la France contemporaine, t. I, l'ancien régime. Passim. BLUNTSCHLI, loc. cit., p. 50. « La souveraineté territoriale est assimilée à une propriété privée, le pouvoir du prince à un bien de famille ».

de réduire tout son royaume sous une même loi, même mesure et même poids, ce serait assurément un dessein digne de la grandeur de Votre Majesté, digne de son esprit et de son âge, et qui lui attirerait une abîme de bénédiction et de gloire » (1). Sans doute, Colbert rencontra bien des obstacles et laissa encore beaucoup à faire à ses successeurs pour réaliser cette unité rêvée par la royauté, mais nous devons rappeler, ne fût-ce qu'en passant, qu'il fit faire un grand pas à la question par la rédaction des célèbres ordonnances, sur le droit civil, sur la procédure, sur le commerce, sur les eaux et forêts, dont il fut l'inspirateur et qui illustrèrent le siècle de Louis XIV (2).

Cet esprit centralisateur de la royauté se porta même dans des matières, où l'administration n'avait rien à voir, car, il prétendit imposer à tous les Français la même religion, dont le roi, sous une qualité ou sous une autre, resterait plus ou moins le chef. « La principale et la plus importante affaire de Sa Majesté, écrit Colbert à Daguesseau, consiste à réunir, s'il est possible, tous les sujets en une même religion par tous les moyens qui sont entre ses

(1) Let., inst. et mém., t. VI, no 6, discours pour le Conseil de justice, 10 oct., 1665, p. 14. On peut se rendre compte de tout ce que Colbert a fait pour la centralisation administrative de la France en parcourant les lettres écrites au sujet de l'administration municipale et provinciale, voir, t. IV, 1re section, administration provinciale, p. 1 à 180, et l'introduction de P. Clément, p. 1 à 39.
(2) P. CLÉMENT. Histoire de Colbert, t. II, chap. 28.

mains (1) ». La persécution contre les protestants fut la conséquence de cet état d'esprit.

La doctrine de la royauté absolue, maîtresse d'un État omnipotent, automone et centralisateur, avait définitivement triomphée au XVII° siècle et était passée de la théorie dans la pratique. L'ancienne conception féodale de la souveraineté et des pouvoirs de l'État avait entièrement disparue.

Mais, si le gouvernement était entièrement transformé, la société était, au contraire, toute pénétrée encore des traditions féodales. Les institutions issues de la féodalité quelque faussées du reste qu'en fussent les rouages, restaient encore la base des rapports qui unissaient les sujets entre eux (2).

Non seulement la royauté respecta cette organisation, parce qu'en définitive, il lui était impossible de la détruire pour la remplacer brutalement par une autre, mais encore, parce qu'elle s'en servit, comme d'un instrument puissant, pour la réussite de ses projets. Il nous est donc nécessaire d'exposer, au moins d'une façon très brève, les caractères essentiels de cette organisation, non pas peut-être, pour comprendre l'esprit du mercantilisme, qui est une doctrine de gouvernement, mais pour saisir tout au moins, comment l'action du gouvernement royal a pu réaliser d'une façon pratique les doctrines mercantilistes. Nous aurons égale-

(1) Let., inst. et mém.. t. VI, p. 182.
(2) BLUNSTCHLI. *Loc. cit.*, p. 43. — « La monarchie absolue s'étend alors (de 1540 à 1740) sur l'Europe continentale en s'appuyant d'idées anciennes dynastiques et romaines, patrimoniales et théocratiques. FUNCK-BRENTANO. *Loc. cit.*, p. 84.

ment ainsi le secret du caractère particulier qu'a eu l'application du mercantilisme en France et qui a donné naissance à quelques théories économiques propres à cette époque (1).

Si nous faisons abstraction de son rôle militaire, la féodalité nous apparaît comme un état social, composé d'associations obligatoires, où doivent nécessairement entrer tous ceux qui ont les mêmes intérêt sà défendre, les mêmes droits à exercer, ou les mêmes devoirs à remplir. Il règne, au sein de l'association, une hiérarchie sévère, basée sur l'existence de droits et de devoirs réciproques, tendant tous à assurer la conservation ou le progrès de la collectivité (2). Les liens nombreux, qui unissent ces diverses associations les unes avec les autres, leur laissent, en général, une très large automonie, en ce qui concerne au moins l'administration de leurs intérêts particuliers. C'est ainsi que s'explique, d'après M. Funck-Brentano, l'existence des libertés et des franchises locales qui n'ont disparu en France qu'avec la Révolution.

L'évolution naturelle d'une société, ainsi constituée, est d'assurer progressivement le triomphe des associations les mieux servies par les circonstances, les plus fortement orga-

(1) FUNCK-BRENTANO. *Loc. cit.*
(2) FUNCK-BRENTANO. *Loc. cit.*, p 36. « L'organisation sociale (du moyen âge) est celle ci : le patron ou seigneur doit protection au vassal, celui-ci, doit obéissance et dévouement au patron. Ce sont ces qualités morales qui ont fait le moyen âge, parce qu'elles se sont transformées en obligations coutumières.» — L'auteur explique ensuite, comment toutes les institutions de cette époque, soit économiques, soit sociales, se sont modelées sur cette organisation.

nisées, surtout au point de vue économique, les plus riches
par conséquent. C'est ce qui arriva en France, pour la bourgeoisie des
villes ou Tiers-État. Fortement organisée dans ses corporations municipales, enrichie par l'exercice du commerce
et de l'industrie, protégée par la royauté, cette bourgoisie
tend déjà vers le xive siècle, à usurper le rôle politique de
la noblesse, dont le développement économique a été
constamment entravé par son rôle militaire, par l'hostilité
de la royauté et par son organisation défectueuse dans les
seigneuries, au point de vue économique (1).

Ce triomphe de la bourgeoisie devient définitif, au
xvie siècle, avec la révolution économique qui fut la conséquence de la découverte des mines d'or et des nouvelles
routes commerciales vers les Indes.

Cette bourgeoisie absorba même toutes les autres classes
supérieures de la nation. Tous les historiens qui ont écrit sur
cette époque nous rapportent qu'elle profita de la crise que
subissait la noblesse, par suite des guerres et des perturba-
tions économiques de cette époque, pour acquérir ses biens
et conquérir par là tout le reste du pays. Son avènement
fut heureux ; non seulement il facilita le triomphe de la
royauté absolue, mais il lui permit de réaliser intégralement
son programme.

C'est ainsi que cette bourgeoisie donna une importance
grandissante au commerce et à l'industrie, et qu'elle plaça

(1) PIGEONNEAU. *Loc. cit.*, chapitre 1er, t. II.

au premier rang des richesses, les richesses mobilières,
qui, grâce à l'activité de la circulation monétaire, furent
susceptibles de donner, comme la propriété foncière, un
revenu fixe. Elle donna plus de mobilité à cette dernière
forme de propriété, et facilita la centralisation gouvernementale par la façon dont elle comprit ses devoirs de
propriétaires fonciers, après avoir remplacé l'ancienne
noblesse. Elle abandonna, en effet, complètement les
campagnes pour continuer à vivre dans les villes (1).

Mais une fois maîtresse du pays, la bourgeoisie ne renonça pas à la vieille organisation que le pays tenait du
moyen âge, mais elle la rendit plus maniable entre les
mains du roi, en lui donnant quelque chose de sa vieille
organisation corporative, soumise à l'autorité du roi. C'est
ainsi que la noblesse, le clergé continuèrent, par des privilèges et des attributions spéciales, à se distinguer du
reste de la nation ; que les villes, les provinces, les corporations continuèrent par les mêmes distinctions à se distinguer les unes des autres, mais elles devinrent plus disci-
plinés et furent de merveilleux instruments entre les mains du
pouvoir royal. Sans avoir eu la peine de les organiser, il put
les diriger et les réglementer comme des armées. Et toutes
les fois, que pour une raison ou pour une autre il eut à
créer des organismes nouveaux, comme des manufactures,
des compagnies coloniales ou commerciales, le gouverne-

(1) Voir PIGEONNEAU. *Ibid.* Tout le chapitre 1er, où l'auteur
expose, d'une façon saisissante, la transformation politique,
économique et sociale qui s'est produite au xvie siècle.

ment les créa à l'image des corporations avec des privilèges, des monopoles et des réglements (1).

C'est ainsi que le roi, armé d'un pouvoir absolu dans un État centralisé, put, grâce aux associations disciplinées et hiérarchisées qu'il eut sous son autorité, imposer en quelque sorte à la nation, une direction économique déterminée, en conformité avec ses intérêts personnels. Sans ces intermémédiaires nécessaires qui encadraient, en quelque sorte, la nation, l'État n'eût jamais pu appliquer le programme mercantiliste qui conduit en définitive à absorber la nation dans l'État. Grâce à eux, au contraire, les ministres royaux, et Colbert en particulier, purent réglementer le travail, diriger les capitaux dans les industries qu'ils désiraient favoriser et organiser le commerce, de telle façon, qu'il devint entre leurs mains, leur plus sûr instrument de domination politique sur les autres nations.

Nous venons d'exposer les résultats de la politique intérieure française sous Colbert. Nous avons vu que l'action de la royauté sur l'État issu du xvie siècle, conduisit à mettre toutes les activités de la nation entre les mains de l'État. Pour savoir maintenant comment la royauté usa des pouvoirs qui lui étaient confiés et dans quel sens elle dirigea les activités économiques de la nation, il est nécessaire de

(1) FUNCK-BRENTANO. *Loc. cit.*, p. 55 à 60. Au xvie et xviie siè-cle, la conception de la constitution patronale (ou féodale) de l'État est encore générale et on ne comprendrait pas qu'il y en eût une autre », et plus bas, l'auteur ajoute « l'aristocratie territoriale disparût, et son pouvoir passa au roi ».

connaître la politique extérieure suivie par la royauté, et l'état général de cette même politique dans le reste de l'Europe.

Le caractère général de la politique extérieure de la royauté fut, sous Louis XIV plus particulièrement, une politique de conquête. Le dogme de la souveraineté absolue du roi lui donnait vocation à la souveraineté universelle. C'est pourquoi, il ne reconnaissait ni supérieur, ni même d'égal, qu'il s'agisse de l'empereur ou même du pape, et qu'il visa d'une façon très certaine à l'hégémonie de l'Europe et de là, à la primauté de la terre toute entière (1). Ce rêve ne fut jamais réalisé avant la Révolution, même par Louis XIV, mais il fut repris avec plus de grandeur encore par Napoléon 1er, qui réalisa, pour un jour, cette œuvre préparée et poursuivie pendant des siècles par les rois de France (2).

Cette conception impérialiste du rôle et de la mission de l'État à l'extérieur, est la conséquence naturelle de la part excessive, faite à l'État, dans la société par le mercantilisme. Il est naturel, en effet, que se trouvant au-dessus de tout droit, de toute loi, il vit dans le développement indéfini de ses pouvoirs, dans tous les temps et dans tous les lieux, la raison d'être de son existence elle-même.

(1) MENGHOTTI. Il colbertismo. Recueil des économistes italiens t. XXXVI, chap. 11, pp. 408 et suiv.
(2) FUNCK-BRENTANO. Loc. cit., p. 112. L'auteur voit dans Napoléon le continuateur des rois de France au point de vue administratif et politique. Taine voit également dans Napoléon 1er le continuateur des traditions administratives de la royauté. (Voir les Origines de la France contemporaine, t. IV).

Ce caractère, au reste, ne fût nullement particulier à la
royauté française ; il fut la base de la politique extérieure de
la plupart des pays d'Europe, arrivés à peu près tous à cette
phase de leur développement qui correspond au mercanti-
tilisme (1).

Mais ce qui fait véritablement la particularité la plus intéressante de cette politique de conquête, c'est le rapport très
intime qui s'établit entre le développement économique d'une
nation et son développement politique. Il faut considèrer,
en effet, que les richesses que possède une nation sont, pour
l'État qui la conduit, le plus sûr garant de sa puissance politique et que réciproquement le développement de cette
même puissance, doit infailliblement conduire la nation à la
prospérité économique.

Ces idées, très importantes par les conséquences qu'elles
eurent, avaient leur origine dans des faits que les contemporains de cette époque avaient sous les yeux, et qui durent
vivement les impressionner.

La découverte de l'Amérique et de la route maritime qui
conduisait aux Indes orientales, venait de révéler un nouveau monde, dont les richesses paraissaient inépuisables. Il
semblait que l'État qui les posséderaient, posséderaient avec
elles une richesse sans limites, un pouvoir absolu, la souveraineté même du monde ; aussi, toutes les nations firent-elles
tous leurs efforts pour avoir part à ces richesses (2).

---

(1) H. HECHT. *Loc. cit.*, pp. 22 et 23.
(2) PIGEONNEAU. *Loc. cit.*, t. II, pp. 17 et suiv.

Cette heureuse fortune échut tout d'abord à l'Espagne (1),
qui montra aussi bien dans sa période de grandeur que
dans sa période de décadence, l'alliance étroite qui existait
entre la prospérité économique d'une nation et sa prospérité
politique. Grâce, en effet, à la possession des mines d'or et
d'argent du Mouveau-Monde, l'Espagne fut pendant quelques temps l'arbitre de l'Europe. Malheureusement pour
elle, elle ne sût développer, ni son commerce, ni son industrie ; la vie économique s'arrêta, en quelque sorte, chez
elle et ses trésors ne servirent plus qu'à enrichir les nations
voisines, qui travaillèrent et commercèrent pour elle (2).
Cette déchéance économique ne tarda pas à être suivie d'une
déchéance politique, dont devaient profiter la Hollande et la
France.

La Hollande s'empara la première de la suprématie militaire de l'Espagne sur les mers. Avec ses 16,000 navires
marchands (3), elle domina les mers et prétendit même en
faire l'objet d'un véritable monopole (4). Or, chose qui

(1) Let., inst. et mém., t. II, p. 1, no 14, p. 18. Colbert rap-
pelle que les souverains espagnols ont dû leur puissance aux
mines d'or et d'argent qu'ils possèdent, et prétend qu'ils ont
« aspiré à l'empire de toute l'Europe, c'est-à-dire de tout le
monde. »
(2) Let., inst. et mém., t, VI, p. 229. Colbert attribue en partie
cette déchéance « à la fainéantise des Espagnols causée par leurs
richesses. »
(3) Let., inst. et mém., t. VII, p. 264.
(4) Let., inst. et mém., t. VI, p. 245. Mémoire sur la guerre
entre l'Angleterre et la Hollande, août, 1665 « ... leur faire bien
cousidérer la prétention des Hollandais à la monarchie des
mers. »

venait encore à l'appui de ce que l'on avait constaté en
Espagne, la puissance politique de la Hollande, qui dura
pendant tout le xviiᵉ siècle, était due à son développement
commercial.

Quant à la France, les succès militaires et diplomatiques
qu'elle avait remportés sous les ministères de Richelieu et
de Mazarin, l'avaient mise au premier rang des puissances
continentales de la chrétienté, et reléguaient l'Espagne au
second plan (1).

Colbert, successeur de ces deux grands hommes, hérita
également de leur esprit politique et pour asseoir définitivement la supématie de la France en Europe, il voulut
ajouter à sa puissance sur terre, la souveraineté des mers
par l'écrasement des Hollandais (2). Le roi devait devenir,
comme l'indique une médaille frappée en 1671 à propos de
l'inauguration du canal du Languedoc : *Undarum ter-
ræque potens atque arbiter orbis* (3).

Pour faire triompher ses idées, Colbert s'inspira d'une
politique de conquête entendue, aussi bien au point de vue
militaire qu'au point de vue économique. Il était, en effet
dominé, et par les tendances politiques de tous les Etats de

(1) Let., inst. et mém., t. II, p. 267 « la puissance du roi par
terre est supérieure à toute celle de l'Europe, par mer est inférieure. »
(2) Let., inst. et mém. de l'in., t. II, part. 2, p. 143. *Ibidem.*, t. 6,
nᵒ 33, p. 264. « Le roi, dit Colbert, doit écraser les Hollandais
qui veulent se rendre arbitres de la paix et de la guerre en
Europe. »
(3) Let., inst. et mém., t. IV. Introduct. de P. CLÉMENT sur le
« canal du Languedoc », p. 86.

l'Europe à cet époque, et par les exemples particuliers qu'il eut sous les yeux en Espagne et en Hollande.

Il ne faut pas oublier, en effet, que le rêve de la monarchie universelle fut le rêve de tous les États à cette époque (1). Or, un pareil esprit suppose entre toutes les nations l'existence d'un état d'hostilités permamentes, les unes vis-à-vis des autres. Cette situation ne pouvait, pratiquement, recevoir de solution que par le triomple de la nation la plus forte (2). Tout se réduit donc, à la question de savoir par quels moyens une nation peut devenir la plus forte. A ce point de vue, l'exemple des nations voisines était très significatif et démontrait péremptoirement que, pour être victorieuse, la lutte devait porter, non seulement sur le terrain politique, mais encore sur le terrain économique : elle devait mettre en jeu l'activité et l'énergie de toutes les forces de la nation. On considérait donc, que celui qui serait en possession du commerce universel du monde, devrait aussi nécessairement un jour posséder la souveraineté universelle. On se basait pour cela sur l'exemple de l'Espagne et sur celui, plus démonstratif encore, de la Hollande qui, malgré le peu d'étendue de son territoire, était toute puissante, grâce à son commerce. « Les Hollandais,

---

(1) Let., inst. et mém., t. VI, p. 219. *Ibid.*, p. 490.
(2) Let., inst. et mém., t. II, p. 2, n° 249, p 658. Colbert déclare sérieusement que : « si le roy assujétissait toutes les provinces sujettes, ou qui composent les États des provinces unies des Pays-Bas, leur commerce devenant le commerce des sujets de Sa Majesté, il n'y aurait rien à désirer davantage. » Voir également *ibidem*, t. VI, p. 265 ; t. III, part. 1, p. 67 de l'introduction.

dit Colbert, savent bien que, tant qu'ils seront maîtres du commerce, leurs forces de terre et de mer croîtront toujours et les rendront si puissants qu'ils pourront se rendre arbitres de la paix et de la guerre dans l'Europe, et donner des bornes telles qu'il leur plaira, à la justice et à tous les desseins des rois (1). »

On pensait ainsi que les progrès qu'une nation faisait dans le commerce extérieur, étaient l'indice des progrès qu'elle réalisait au point de vue politique. La puissance politique d'une nation, était donc la conséquence de son développement commercial. C'était indiscutable quand il s'agissait de développer sa puissance maritime : cette puissance repose, en effet, sur l'existence d'une flotte marchande qui est la conséquence d'un mouvement commercial actif (2).

Mais on allait plus loin et l'on prétendait que le commerce extérieur d'une nation était seul capable de fournir à l'État les éléments essentiels de sa prospérité, qui sont la possession de l'argent, et l'existence dans le pays d'une grande quantité d'hommes.

L'unique manière, en effet, de faire entrer des métaux précieux dans une nation où il n'y a pas de mines est de favoriser le commerce extérieur (3). Or, plus il y aura d'argent

(1) Let., inst. et mém., t. VI, n° 33, p. 264. *Ibid.*, t. VII, p. 251.
(2) Let., inst. et mém.. t. VI, p. 265. « Il est bon de dire, que les forces maritimes suivent en quelque sorte le commerce. » *Ibid.*, t. VI, p. 268.
(3) Let , inst. et mém., t. II. part. 1, p. 168 de l'introduct. « Les manufactures produiraient des retours en argent, ce qui est le seul but du commerce et le seul moyen d'augmenter la grandeur et la puissance de cet État. »

dans le pays, plus on poura payer d'impôts, plus par conséquent, l'État pourra dépenser pour son extension politique.
Une grande quantité d'argent était pour l'État la condition *sine quà non* de ses progrès (1) « C'est, dit Colbert, dans l'abondance d'argent que consiste la puissance de l'État et la magnificence du roi, par toutes les dépenses que les grands revenus donnent occasion de faire (2).

Mais le roi n'a pas seulement besoin d'argent, il a également besoin d'hommes pour ses armées ; cet élément lui est indispensable pour mener à bien ses projets de conquête. « La puissance sur terre, dit encore Colbert, est entre les mains des rois qui ont de grands pays peuplés et dont les peuples sont naturellement braves et aguerris (3) ».

Or, là encore, le commerce extérieur est indispensable car, indépendamment du grand nombre de personnes que fait vivre la marine marchande (4), comme ce commerce s'alimente principalement des produits de l'industrie nationale, il fait vivre ainsi quantité de personnes qui travaillent dans les manufactures (5). Il est facile de comprendre maintenant

(1) Let., inst. et mém., t. II, part. 2, p. 270 de l'introduct. « Autant augmenterons-nous l'argent comptant et autant augmenterons-nous la puissance, la grandeur et l'abondance de l'État. »
(2) Let., inst. et mém., t. VII, p. 240 ; t. II, part. 1, p. 259 de l'introduct.
(3) Let., inst. et mém., t. VI, p. 268.
(4) *Ibid.*, t. II. partie 1, p. 259 et 270 de l'Introduct.
(5) Let., inst. et mém., t. IV, p. 39. — « Le commerce et les manufactures, sont les deux seuls moyens d'attirer les richesses au-dedans du royaume, et de faire subsister avec facilité un nombre infini de ses sujets ». *Ibid.*, t. II, p. 1, p. 270 de l'introduct.

toute l'importance que les hommes d'État de cette époque
attachaient à l'extension du commerce extérieur.

Mais, si l'on considérait que la puissance politique dépendait de l'existence d'un commerce extérieur prospère, on
pensait, d'autre part, qu'il dépendait de l'appui et des secours
que lui fournissait l'État.

On se représentait, en effet, à ce moment-là, l'ensemble
du commerce du monde comme une quantité constante, dont
chaque nation déterminée possédait une partie plus ou
moins considérable. Ce qui pouvait, dans une certaine
mesure, justifier cette opinion, c'est que le commerce extérieur à cette époque s'appliquait, moins aux articles de consommation courante, qu'aux objets de luxe, dont l'écoule-
ment était lent et la consommation en apparence toujours
égale. Partant ensuite de cette idée, on concluait que plus
grande était la part d'une nation dans le commerce universel (1), plus petite se trouvait être la part des autres
nations. Le développement commercial d'un pays entravait donc nécessairement la prospérité économique des
autres (2), Et dans la lutte qui s'établit entre toutes les
nations sur le terrain économique ; on considérait comme
un accroissement, tout ce que l'on faisait perdre au voi-
sin. Cette idée est exprimée très clairement, dans un
mémoire adressé au roi sur la prospérité économique qui

(1) Let., inst. et mém., t. VI, p. 265.
(2) *Ibid.*, t. VI, p. 266. « Le commerce cause un combat per-
pétuel en paix et en guerre entre les nations de l'Europe, à qui en
emportera la meilleure partie ».

commence à se manifester en France : « C'est, dit Colbert, ce qui amène cette double élévation que l'on voit si sensiblement augmenter depuis plusieurs années, l'une en augmentant la puissance et la grandeur de Votre Majesté, l'autre en abaissant celle de ses ennemis et de ses envieux (1) ».

Le vainqueur, dans cette lutte économique, sera la nation qui saura mettre toutes ses forces politiques au service de ses intérêts économiques. Le but est d'arriver, à faire de l'ensemble du commerce extérieur une sorte de monopole dont la nation puisse profiter au détriment des autres pays (2).

Une des applications les plus remarquables de cette théorie, est la création du pacte colonial qui attribue, à la seule métropole, le commerce de ses colonies.

En résumé, la conquête du monde, but dernier de la politique extérieure de la royauté, ne saurait s'atteindre sans la conquête préalable du commerce extérieur, et cette conquête n'est elle-même possible, que grâce à l'intervention de l'État dans la vie économique du pays.

C'est ainsi que s'explique l'immixtion de l'État dans toutes les questions, qui, de près ou de loin, touchent à la production nationale. L'État en arriva, non seulement, à réglomonter

(1) Let., inst. et mém., t. VII, p. 239; p. 244, p. 245; t. VI, p. 265.

(2) Let., inst. et mém., t. VI, p. 264. « Les Hollandais ont employé et employent encore à présent tous les moyens, toute leur puissance et toute leur industrie pour mettre, en leurs mains seulement, le commerce du monde et pour en priver toutes les autres nations Sur quoy ils établissent la principale maxime de leur gouvernement ».

DE MAZAN

les conditions de fabrication des objets manufacturés, mais
encore à obliger, en quelque sorte, les gens à travailler malgré eux (1), et à placer même leurs capitaux dans les entreprises, qui lui paraissaient les plus dignes d'intérêt. C'est
ainsi que Colbert fit du travail, pour chaque citoyen, une
obligation absolue envers l'État, et qu'il ne se gêna pas, dans
certaines circonstances, pour obliger les personnes qui dé-
pendaient de lui, comme les fonctionnaires, les villes, les
provinces, à employer leurs fonds à subventionner telle
entreprise manufacturière, ou commerciale, dont le succès
lui tenait particulièrement à cœur (2).

L'État se croyait tellement intéressé au progrès économique de la nation, que, jouant le rôle d'entrepreneur, il
fonda sous Colbert des manufactures et des compagnies
commerciales auxquelles il procura, dans la limite de ses
pouvoirs, du travail, des capitaux, des débouchés. On aboutit
de cette façon, à une sorte de socialisme d'État très particulier. Ces fondations industrielles et commerciales furent
l'œuvre maîtresse de Colbert, qui les considéra comme
essentielles pour la grandeur de l'État. Il voyait en elles
des armées chargées de lui conquérir les marchés étrangers ; (3) et du reste lui-même comme un bon général,
avait constamment sous les yeux l'état de ses fondations,

(1) Let., inst. et mém., t. II, part. 1, p. 40. Introduct. de P. CLÉ-
MENT.
(2) *Ibid.*, t. II, part. 1, p. 163. Introduct. de P. CLÉMENT.
(3) Let., inst. et mém., t. VII, p. 250. « Le roi a formé des
compagnies qui, comme des armées, les (les Hollandais) attaquent
de partout ».

leur nombre, leur puissance, leurs progrès ou leur décadence (1).

Il les soumit à une discipline militaire ; mais la sévérité
de ses règlements peut s'expliquer par ce fait, que les cou-
pables mettaient en cause l'avenir même de l'État, en com-
promettant l'efficacité d'un de ses principaux moyens de
conquête commerciale (2).

---

(1) *Ibid.*, t. VII, p. 251 ; t. VII, p. 2⸱8. État des manufactures.
(2) Histoire de Colbert et de son administration par Pierre CLÉ-
MENT, t. I, pp. 316 et suiv.

PRÉLIMINAIRES

Idée générale que l'on doit se faire du mercantilisme économique

La prédominance de l'État sur tous les autres facteurs de la société est la caractéristique essentielle du mercantilisme, aussi bien en politique qu'en économie politique. Dans cette doctrine, l'État n'est pas seulement la forme la plus haute de la vie sociale, il est encore l'âme qui lui communique le mouvement et comme la synthèse vivante de toutes ses énergies. L'État considère donc logiquement l'activité économique d'une nation comme une des manifestations les plus intéressantes de cette vie sociale, qu'il incarne en lui seul. La conséquence naturelle de cette idée est, que son droit et son devoir consistent à développer et à accroître cette activité pour la seule satisfaction de ses intérêts personnels (1).

Toute la question est de savoir maintenant, quels sont ces intérêts et ces besoins qui vont guider l'État dans sa politique économique.

La réponse nous est fournie parce que nous avons dit

(1) ESPINAS, *Loc. cit.*, p. 140.

dans notre introduction des éléments qui ont concouru à la formation de l'État tel qu'il se comporte à l'époque mercantiliste. Ces mêmes éléments, en effet, doivént servir à sa conservation et à son accroissement. Rappelons donc brièvement les circonstances de cette formation.

Dans l'affirmation de son existence à l'intérieur, l'État mercantiliste a dû lutter avec énergie contre la féodalité. Il a abouti pratiquement, à transformer complètement l'ancienne administration féodale, composée de propriétaires fonciers indépendants et héréditaires, pour y substituer une administration très centralisée, formée de fonctionnaires, nommés et rétribués de ses propres deniers, et placés, par conséquent, sous son entière dépendance.

A l'extérieur, le développement de l'État s'est effectué au milieu des luttes sanglantes qu'il eut à soutenir contre les États voisins. Ces luttes imposèrent au roi représentant de l'État, l'obligation de transformer entièrement l'ancienne organisation militaire de la féodalité. A l'armée féodale, composée de vassaux indépendants, et ne devant le service militaire que dans certaines conditions et pendant un laps de temps déterminé, il dut substituer une armée mercenaire, qu'il paya et qui fut à son entière disposition.

A l'aide de ces deux institutions : l'administration centralisée et l'armée mercenaire, toutes les deux placées entre les mains de la royauté, l'État mercantiliste triompha définitivement de la féodalité. Mais sa conservation exigeait la possession permanente des deux facteurs qui avaient assuré son triomphe, c'est-à-dire des hommes et de l'argent.

Il était nécesssaire, pour cela, que la transformation politique qui avait amené l'avènement de l'État mercantiliste, fut suivie d'une transformation sociale et économique, qui devint le soutien et le complément de la première (1).

Il ne faut pas oublier, du reste, que le mercantilisme embrasse dans sa conception, tous les aspects de la vie sociale d'une nation. C'est ainsi, que le problème s'est posé aux économistes et aux hommes d'État qui, du xvie au xviiie siècle ont eu pour mission, de faire triompher cette doctrine dans les faits.

Peu ont donné une solution plus intéressante et plus juste que Colbert.

Cette nouvelle économie politique, créée pour donner satisfaction aux besoins de l'État, se révèle toute entière dans la lutte que l'État entreprit, pour transformer l'ancienne économie naturelle du pays : économie essentiellement féodale, en économie monétaire (2).

(1) INGRAM. *Loc. cit.*, p. 58 « Il est évident que ce qu'on est convenu d'appeler la doctrine mercantiliste était essentiellement la contrepartie théorique des activités pratiques, et que les nations et le gouvernement y furent amenés, non par quelque forme de pensée scientifique, mais par la force de circonstances extérieures et l'observation de faits évidents. »

(2) INGRAM. *Loc. cit.*, p. 56. L'ancienne économie féodale, fondée principalement sur les transactions en nature, avait cédé le pas à la nouvelle « économie de l'argent. » L'économie naturelle que l'on pourrait encore appeler économie familiale est caractérisée par ce fait que, chaque individu peut suffire à ses besoins sans avoir recours à la monnaie, comme cela se passe par exemple dans une famille. où chaque membre pour rendre service à un autre, n'a pas besoin d'une rémunération en argent. On entend au contraire par économie monétaire ou économie d'argent, un

Cette lutte fut très vive en France particulièrement, où, comme nous aurons l'occasion de le constater plus tard, l'économie féodale avait encore des racines profondes. Cette persistance de l'ancienne économie naturelle, ne fût même pas sans influence sur la formation de certaines des idées économiques de Colbert.

Quoiqu'il en soit, ce qu'il importe maintenant de constater, c'est le rôle prépondérant qui est attribué à l'or et à l'argent dans l'économie politique mercantiliste. Ils en constituent même toute l'armature, car ils sont, si je puis ainsi m'exprimer, l'âme de l'État mercantiliste.

Dans leur évolution économique, tout le xviie siècle et Colbert notamment, s'inspirèrent des exemples que leur offrait la Hollande. Il est bien certain, en effet, que la puissance de ce petit État riche seulement en argent, était de nature à impressionner très vivement les économistes de cette époque. Il est même naturel que beaucoup, comme Colbert, cherchèrent à s'approprier, même en les copiant servilement, les procédés des Hollandais (1).

Ce fut en vue de réaliser cette transformation économique, que Colbert entreprit la plupart des grandes réformes financières et économiques, qui ont illustré son nom. Il

---

état économique tel que tout individu est obligé pour satisfaire aux besoins les plus ordinaires de la vie, de recourir à l'échange au moyen de la monnaie, comme cela se passe de nos jours.

(1) Let , inst. et mém., t. II, part. 1, p. 266 de l'introduct. « ... Les Anglais à l'imitation des Hollandais ont composé une compagnie pour les mêmes Indes. »

s'attaqua, en effet, pour les réformer, d'abord à l'état social lui-même pris dans son ensemble, ensuite aux diverses branches de l'activité économique de la nation, à ses finances, à son commerce, extérieur ou intérieur, à son industrie manufacturière et agricole.

Nous le suivrons dans chacune des parties de son œuvre réformatrice, pour déduire de leur examen ses idées économiques. Nous exposerons enfin, sous forme de conclusion, le système théorique auquel doivent logiquement aboutir ses idées en matière économique.

CHAPITRE PREMIER

POLITIQUE GOUVERNEMENTALE DE COLBERT

SOMMAIRE. — La nation doit être organisée pour fournir à l'État beaucoup d'hommes, et des hommes qui travaillent à l'enrichir. Mesures que prend Colbert pour accroître la population : défense aux habitants de sortir du royaume, appels d'étrangers, faveurs accordéee aux mariages, primes données aux naissances. — Réformes qu'il entreprend dans la nation. — Réforme du clergé : il veut le soumettre entièrement à l'autorité du roi. — Il le trouve trop nombreux et trop riche ; mesures qu'il propose pour diminuer sa puissance. — Il échoue. — Réformes de la noblesse ; il la trouve trop nombreuse ; mesures qu'il prend pour la diminuer ; il ne comprend pas son rôle économique ; il la détache de plus en plus des campagnes en lui enlevant toute autorité, — Cette défaveur vient des excès de la noblesse. — Il en fait une caste exclusivement militaire. — Réforme du Tiers-État. Il le trouve trop attaché au fonctionnarisme et trop peu travailleur. Il diminue le nombre des fonctionnaires et des bénéfices qu'offrent les placements d'argent sur l'État. — Réforme du peuple. — Il le trouve trop fainéant. Il lui fait une obligation envers l'État du travail. — Il lui apprend à travailler. — Il fonde des manufactures. — Importance économique du travail pour Colbert.

Le but que poursuivit Colbert dans sa politique gouvernementale, fut l'organisation d'une société, qui put donner une
population nombreuse et laborieuse, pour satisfaire les besoins de l'État mercantiliste en homme et en argent. Il ne
prit pour cela aucune mesure révolutionnaire, il respecta, au

contraire, l'état de choses actuelles, se contentant de l'adap-
ter du mieux qu'il pût à l'état social qu'il rêvait, en poussant
à l'accroissement de la population et au développement des
professions utiles à l'État.

Sa première préoccupation fut d'avoir un royaume très
peuplé. Une population nombreuse et florissante lui paraissait, comme à tous les mercantilistes (1), une condition
nécessaire de puissance et de force pour une nation. Les
faits semblaient à cette époque venir confirmer cette idée.
La France passait, en effet alors, pour une des nations les
plus puissantes de l'Europe, or, elle était, paraît-il, une
des plus peuplées. L'Europe ne comptait guère plus
de 120 à 130 millions d'habitants, dont les nations de
premier ordre, comptaient à peu près la moitié. Or, la France
était au premier rang avec ses 20 millions d'habitants,
l'Angleterre n'en comptait guère plus de 6 millions d'après
Macaulay, l'Allemagne guère plus que la France et l'Au-
triche, 10 à 12 millions environ (2).

En outre de ces considérations, Colbert avait encore des
raisons très sérieuses de s'inquiéter du mouvement de la
population en France. Elle se trouvait, en effet, en décroissance, à la suite des guerres, famines et fléaux de toutes

_____

(1) Voir notamment Vauban. Dixme royale dans DAIRE. Les
économistes financiers au XVIIIe siècle. « Il est constant que la
grandeur des rois se mesure par le nombre de leur sujet. C'est en
quoi consistent leur bien, leur bonheur, leurs richesses, leurs
forces, leur fortune et toutes les considérations qu'ils ont en ce
monde ».

(2) HECHT. *Loc. cit.*, p. 37 et 38.

espèces qui avait signalé l'époque de la Fronde (1). Ce phénomène inquiéta d'autant plus Colbert, qu'il se manifestait justement à un moment où son désir de développer l'industrie manufacturière, lui faisait souhaiter l'existence d'un plus grand nombre de bras. Cette préoccupation fut une de celles, qui incontestablement, agit le plus sur les réformes économiques qu'il entreprit, bien que sa correspondance ne la mentionne pas d'une façon fréquente.

Les mesures que prit Colbert, pour déterminer un mouvement ascendant de la population, furent de deux sortes, empêcher sa diminution, favoriser au contraire son accroissement.

Il commença donc, tout d'abord, pour empêcher la décroissance de la population, par interdire l'émigration des Français hors de leur pays (2). Cette interdiction fut sanctionnée de peines sévères pouvant aller jusqu'à la mort (3).

Tous sujet, devait par sa qualité même, demeurer en France, soumis à la volonté royale (4). Mais comme cette émigration, indépendamment de l'intolérance religieuse du

---

(1) A. FEILLET. La misère au temps de la Fronde et saint Vincent-de-Paul, p. 132 et suiv.

(2) Let., inst. et mém. t VI, p. 158, nᵒ 2. Arrêt qui défend aux protestants de sortir du royaume. — Édits portant défenses sous peine de confiscation de corps et de biens, de prendre service ou de s'habituer à l'étranger. ISAMBERT, t. XVIII, p 366.

(3) Let., inst. et mém., t. II, part. 2, p. 621, 708, 746.

(4) Let., inst. et mém , t. II, part. 2, p. 552. Colbert parle « de l'obligation que les sujets contractent à leur naissance envers leur souverain ». Voir également, t. II, part. 2, p. 498 et t. III, part. 2, p. 600.

gouvernement (1) avait sa raison d'être dans la misère des populations et la difficulté ou elles se trouvaient de subsister (2), Colbert chercha à atteindre directement les causes de cette dépopulation.

Il procèda, en premier lieu, à une réforme sérieuse de la répartition de l'impôt des tailles dans les campagnes. Il était, en effet, si mal réparti et pesait si inégalement sur les contribuables qu'il obligeait ceux, qui en étaient surchargés, à émigrer pour ne pas mourir de faim. Il s'appliqua en second lieu à créer dans les campagnes, des manufactures qui vinssent en aide aux paysans par le travail qu'elles leur procureraient.

Il compléta ces mesures par une réglementation très sévére des pélérinages (3), qui, sous couvert de piété, amenaient la désertion d'une quantité de sujets, et par la création d'hôpitaux et autres établissements de charité, qu'il organisa en vue de la répression du vagabondage et de la mendicité (4).

Sa sollicitude pour la conservation de la population s'étendit jusqu'aux galériens dont l'existence lui était précieuse pour la marine. Il recommanda de les traiter plus humainement, et d'une façon générale, il prescrivit aux par-

---

(1) Let., inst. et mém., t. VI, p. 158.
(2) Let., inst. et mém., t. II, part. 2, p. 568, no 152, p. 621, no 211 ; p. 638, no 227 ; p. 708, no 299.
(3) ISAMBERT. t. XIX, p. 434, édit réglant la police des pèlerinages.
(4) ISAMBERT. t. XVIII, p. 18-20, édit portant création d'un hôpital dans chaque ville et bourg du royaume.

lements de ne condamner à morts les criminels que le moins souvent possible, pour favoriser le recrutement des galères royales (1).

A côté de ces mesures, que j'appellerais négatives, Colbert en prit d'autres plus positives pour favoriser directement l'accroissement de la population (2).

Le premier moyen qu'il employa, fut d'attirer en France des étrangers dont il hâtait la naturalisation (3). Cette inspiration fut d'autant plus heureuse, qu'elle amena en France une élite de travailleurs, qui enseignèrent aux Français quantité d'industries qu'ils ignoraient. De ce nombre fut le célèbre van Robais qui fit d'Abbeville, un des centres les plus importants pour la fabrication des draps. Mais ce moyen n'avait qu'une portée très limitée et Colbert jugea avec raison qu'il fallait, avant tout, intéresser la population elle-même à son propre accroissement.

Dans ce but, il chercha en premier lieu, à augmenter le nombre et la durée des mariages. C'est ainsi que, dans la revision des règlements de la taille qu'il opéra en 1666, non content de supprimer l'article qui soumettait à cet impôt tout individu marié, quelque fut son âge (4), il exempta,

(1) Let, inst. et mém., t. III, pp 6 et suiv. de l'Introduct. de Pierre CLÉMENT.
(2) Let., inst. et mém, t. IV, p. 39. Colbert veut qu'il y ait dans le royaume « un nombre infini de sujets ».
(3) Let., inst. et mém., t. II, p. 523, 669, 674, 586, 678 ; t. VI, p. 440.
(4) Let., inst. et mém., t. II, p. 69.

au contraire, de cet impôt, jusqu'à un certain âge, tout
individu qui se marirait avant 20 ans (1).

Mais l'obstacle le plus sérieux qui se rencontrait en
France au sujet du mariage, était le célibat ecclésiastique
que l'Église imposait à ses membres. Colbert tenta vainement d'en diminuer le nombre, mais il n'en déclara pas
moins très nettement, à cette occasion, qu'il considérait la
célibat comme une faute contre l'État. Cette décision avait
le mérite d'être d'une grande logique. Si tout citoyen, en
effet, a le devoir de consacrer toute son existence au service de l'État, il est incompréhensible qu'il puisse se dis-
penser de lui fournir les éléments les plus sûrs de sa puissance en augmentant le nombre de ses sujets. Colbert
était, du reste, tellement pénétré de ce devoir qui incombait
à la nation, qu'ayant remarqué que le chiffre trop élevé
de la dot que l'on donnait aux jeunes filles riches, empêchaient celles qui ne l'étaient point de se marier, par suite
de l'impossibilité où elles se trouvaient de fournir une aussi
grosse dot, il conçut le projet d'unifier par un règlement
le chiffre de la dot que l'on pourrait donner à toutes. Cette
entreprise était utopique, elle était du domaine des mœurs,
non de celui de la loi, mais elle était trop significative
pour ne pas être mentionnée (2).

Colbert, en second lieu, accorda de véritables primes à

(1) ISAMBERT. t. XVIII, p. 60. Édit portant concession de pri-
viléges et exemptions à ceux qui se marient avant ou pendant
leur 20e année jusqu'à 25 ans.
(2) Let., inst. et mém., t. VI, p. 13.

la procréation des enfants. Il fit déclarer, en effet, par le
roi dans un édit célèbre, que certains privilèges et notamment l'exemption de l'impôt des tailles, serait accordé aux
pères de famille ayant de 10 à 12 enfants. Cette exemption
se transformait en une pension de 1.000 à 2.000 livres
pour les pères de famille appartenant à la noblesse qui se
trouveraient dans le même cas.

Les enfants qui étaient morts sur les champs de bataille,
étaient considérés par l'édit comme vivants (1).

Colbert attendait les plus grands effets de cet édit, qui
en réalité, furent insignifiants, car dès 1683, on dût le
révoquer à cause des difficultés pratiques qu'il souleva,
et des fraudes mêmes auxquelles son exécution donnait
lieu (2).

Cette importance accordée au nombre, est toute naturelle dans un système politique qui considère chaque citoyen comme une fonction, et l'on pourrait dire même,
comme une propriété de l'État. Plus il y a de citoyens, plus
il y a de facteurs qui concourent par leur activité à la prospérité de l'État.

Ce serait une erreur de croire que nos sociétés modernes
ont cessé de se préoccuper du nombre et de le considérer
comme un élément de force et de puissance pour l'État qui

(1) Let., inst. et mém., t. II, p. 69. Colbert, parle d'un édit portant concession de privilèges et exemptions aux pères de famille
ayant de 10 à 12 enfants.
(2) ISAMBERT, t. XVIII, p. 90. Déclaration du roi portant révocation de l'édit de 1666, qui accorde des privilèges aux pères de familles ayant de 10 à 12 enfants.

les représente. Une des preuves en est dans la constitution
actuelle des armées modernes, où l'on cherche à réunir le
plus grand nombre d'hommes possibles, et qui a donné l'idée
du service obligatoire imposé à tous les citoyens d'une
même nation.

La politique gouvernementale de Colbert ne se borna pas
seulement à accroître le nombre des sujets du roi. Colbert,
en effet, eut une ambition plus haute, celle d'une réforme
générale de la société de son temps. Il reconnaissait impli-
citement tout au moins, quatre catégories bien distinctes
de citoyens en France : le clergé, la noblesse, le Tiers-État
ou bourgeoisie des villes et le peuple (1). Le caractère général de la réforme qu'il entreprit ne fut pas d'abolir ces
distinctions, car on ne concevait pas à cette époque la
possibilité de s'en passer. C'est ainsi notamment que l'on
n'eut jamais compris la possibilité de remplacer, comme on
l'a fait depuis, les services de la noblesse et du clergé par
ceux de simples fonctionnaires. Colbert voulut tout simplement, soumettre ces diverses catégories de citoyens à
l'autorité effective du roi, empêcher une extension abusive
de leur puissance et de leurs attributions, et les faire concourir enfin par l'exercice normal de leur activité à la
grandeur et à l'enrichissement de l'État. Réduite à ces
proportions, la réforme de Colbert est assez considérable
pour mériter les éloges de l'histoire. C'est ce que va nous

_____

(1) Let., inst. et mém., t. IV, p. 27, n° 25, septempre 1863, instruction aux commissaires répartit.

démontrer un rapide tableau des diverses réformes opérées par Colbert dans la société, depuis le clergé jusqu'au peuple,

« Le clergé, dit Colbert, est le premier ordre de l'État » et comme tel, il lui reconnait volontiers des prérogatives et des privilèges spéciaux (1), mais il n'est ni au-dessus, ni en dehors de l'État. C'est pourquoi Colbert poursuivit, avant tout, la constitution d'une Église nationale ; c'est l'idée qui se dégage de l'ensemble de délibérations de l'assemblée du clergé de France tenue en 1681, auxquelles il prit une part si active. Ces délibérations aboutirent à la fameuse déclaration de Bossuet. Colbert compléta l'effet de ces affirmations de la souveraineté de l'État à l'égard du clergé par une politique d'hostilités vis-à-vis de la Papauté. Il lui pardonnait difficilement de n'avoir pas encore renoncé à l'idée de la souveraineté universelle, qu'avait reconnu d'une façon plus ou moins obscure le moyen âge (2).

Cette volonté de soumettre le clergé à l'autorité royale avait, pour Colbert, une portée pratique extrêmement sérieuse. La reconnaissance de cette autorité impliquait, en effet, pour le roi le droit de faire la police spirituelle de son royaume et de limiter notamment à des propositions raisonnables la puissance matérielle du clergé (3). Or, c'était ce

(1) Let., inst. et mém., t. IV, p. 30.
(2) Let., inst. et mém., t. VI, p. 76 de l'introduction par P. CLÉMENT « Colbert voulut limiter les pouvoirs de la puissance ecclésiastique soit à l'extérieur, soit à l'intérieur du Royaume ».
(3) T. VI, p. 57 et suiv. de l'introduct. de P. CLÉMENT, des let., inst. et mém.

DE MAZAN

que désirait Colbert qui trouvait urgente une intervention de l'État. Il reprochait au clergé d'occuper dans le pays une place hors de proportion avec les services qu'il rendait, et d'entraver par le nombre trop considérable de ses membres et l'importance exagérée de ses biens, l'essor économique du pays. « Il y a en effet, disait Colbert, 87.000 moines, 80.000 religieuses et plus de 100.000 prêtres ». Or, d'après lui, non seulement ce grand nombre de personnes faisaient tort à l'État en le privant des enfants qu'elles auraient pu avoir en se mariant, mais encore elles vivaient dans une oisiveté non moins préjudiciable à l'État qu'elles frustraient du travail qu'elles auraient pu fournir (1). Aussi, convaincu qu'il y avait là bien des forces perdues, Colbert proposa : « de diminuer insensiblement les moines de l'un et l'autre sexe qui ne produisent que des gens inutiles en ce monde et souvent des diables dans l'autre (2) ».

Pour cela, il soumit au roi plusieurs projets de réforme très importants. Il demanda notamment à ce que l'on recula l'ordination des prêtres à 27 ans, les vœux des religieuses à 20 ans et ceux des religieux à 25. Puis, insistant particulièrement sur les réformes à opérer dans les couvents de femmes, Colbert ajouta que le roi devrait autoriser la fondation des maisons religieuses et que ces dernières ne pourraient, sans la même autorisation, recevoir des pensionnaires. Il voulut enfin que les supérieures des couvents remissent, au

_____

(1) Let. inst. et mém., t. VI, p. 5, nᵒ 4. Mémoire sur la réformation de la justice, 15 may 1665.
(2) *Ibid.*, t. VI, p. 3, nᵒ 3. Mémoire au roi, 22 octobre 1664.

roi à des intervalles déterminés, l'état de leurs biens afin que
le gouvernement réglât le maximum de filles que les couvents pourraient recevoir (1). Aucune de ces réformes ne
put aboutir par suite de l'opposition de l'Église.
Colbert se préoccupa non moins sérieusement de limiter
les richesses que possédait le clergé. Ces richesses étaient
très considérables et d'après les évaluations les moins
exagérées, elles comprenaient un tiers de la fortuue générale
de la France. Or, non seulement ces biens n'étaient d'aucune
utilité à l'État, puisque en principe, ils n'étaient pas soumis à
l'impôt direct des tailles, mais leur exemption retombait sur
les autres biens dont les charges devenaient plus lourdes (2).
Enfin, Colbert craignait que ces biens qui étaient des biens
de main-morte ne prissent une extension de plus en plus
considérable, alors qu'ils étaient possédés par la catégorie de
personnes la moins utile au service de l'État (3). Et en effet
le clergé n'allait pas dans les armées du roi comme la
noblesse, ne travaillait pas comme le peuple pour payer
l'impôt; logiquement donc ses biens devaient être moindres, proportionnels aux services qu'il rendait à l'État.

(1) Let., inst. et mém., t. VI, p. 59 de l'introduct. de P. CLÉ-
MENT.
(2) *Ibid.*, p. 61 de l'introduct.
(3) Let., inst. et mém., t. VI, p. 65 de l'Intr. de P. CLÉMENT.
« Les maisons religieuses fondées depuis plus d'un demi-siècle
sans permission, s'étaient accrues de telle sorte, que dans beaucoup de paroisses elles possédaient la majeure partie des terres
et des revenus. »

Colbert proposa, pour rétablir l'équilibre, de confisquer (1) une partie des biens du clergé et de ne lui laisser que ce qui était nécessaire à son entretien et à l'accomplissement des devoirs d'assistance et de charité dont il était chargé. Le reste devait logiquement appartenir à l'État, dont les besoins étaient pressants et qui en était réduit, pour se suffire, à pressurer les autres catégories de citoyens. A l'appui de sa demande, Colbert faisait remarquer que les biens du clergé ne lui avaient pas été donnés pour vivre dans l'opulence et accaparer la fortune nationale, mais bien pour remplir certaines fonctions et que le surplus devait faire retour à l'État (1).

Cette solution est moins révolutionnaire qu'elle ne le paraît au premier abord. A cette époque, l'État se croyait libre de disposer dans une certaine mesure des biens de ses sujets (2). Et ce droit, dans l'espèce, paraissait d'autant plus clair à Colbert que la destination des biens du clergé était d'assurer le fonctionnement de certains services d'in érêt public et qu'ils étaient d'après lui manifestement supérieurs aux besoins de ce service. Cette solution, au reste, fut proposée par d'autres contemporains et elle était commandée, il faut

(1) *Ibid.*, p. 61. « Colbert voulait également vendre beaucoup des biens du clergé, et Louis XIV disait : « que ces grands biens qu'ils occupent ne leur ont pas été donnés en propre pour accumuler les revenus, mais par manière d'économat et pour en user charitablement envers ceux qui en ont besoin. Ils ne doivent pas faire difficultés à en employer une légère portion à contribuer aux nécessités de l'État, puisque c'est d'autant diminuer les charges de eurs compatriotes. »

(2) Let., inst. et mém., t. VI, p. 61 de l'introduct. en note.

bien l'avouer, par l'exemple des pays protestants, comme la Hollande, que l'on admirait beaucoup à cette époque (1).

Cette réforme échoua comme la précédente, par la résistance du principal interessé qui ne consentit jamais à se dépouiller de ses biens pour les donner à l'État. Colbert n'en exprima pas moins à l'égard du clergé les principes qu'il eût voulu lui voir appliquer au point de vue gouvernemental : soumission absolue du clergé à l'État, restriction du nombre de ses membres aux besoins spirituels du royaume, réduction de ses richesses à la quantité suffisante à son entretien et à l'entretien des services publics qui lui étaient confiés. C'est la conclusion qui se dégage nettement de sa politique.

Colbert suivit une politique analogue à l'égard de la noblesse qu'il appelle « le second ordre de l'État (2).» Il voulut la soumettre à l'autorité absolue du roi, diminuer le nombre de ses membres, et enfin réprimer ses excès dans les provinces et la reléguer entièrement dans l'exercice de ses fonctions militaires. Il réussit en très grande partie dans cette réforme, qui malheureusement fut désastreuse pour l'avenir économique des campagnes, comme nous l'expliquerons dans un instant.

(1) Let., inst. et mém., t. VII. Appendice. Industrie et commerce. Lettre de Janot, agent français en Hollande, 30 oct. 1665 à Colbert. « Le roi ne pourrait-il pas prendre les biens des ecclésiastiques? Cela lui appartient, de plus ils n'ont rien fait pour jouir des centaines de millions de revenus qu'ils ont, ils devraient au moins soutenir l'État, et le roi devrait pouvoir en faire un fonds assuré. »

(2) Let., inst. et mém., t. IV, p. 30. « Le gouvernement militaire regarde le second ordre du royaume : qui est la noblesse ».

Colbert arriva au pouvoir avec des sentiments de défiance vis-à-vis de la noblesse. Ces sentiments étaient justifiés par les nombreuses révoltes de gentilshommes, dont il avait été le témoin sous la Fronde (1). Il pensa que le moyen le plus sûr de les prévenir, était de diminuer, de plus en plus, leur influence dans les campagnes, en leur enlevant les attributions administratives, dont ils étaient chargés à cette époque. Il y travailla pendant toute la durée de son ministère, et cette entreprise n'est pas une des moindres de son œuvre politique (2). Il enleva ainsi sans doute, à la noblesse, la plus grande partie de son pouvoir dans les campagnes, mais il lui supprima également toute raison d'être au point de vue social et économique. Il la détacha, de plus en plus des campagnes qu'elle n'était déjà que trop disposée à abandonner. Ce fut une calamité. La noblesse, en effet, possédait la plus grande partie du sol, et sa présence dans les campagnes eut été nécessaire, pour leur donner cette direction économique et leur fournir ces capitaux, que seuls des propriétaires présents sur les lieux, étaient capables de donner (3). Ce fut certainement une des causes de cette

(1) Let., inst. et mém., t. 1, p. 291 ; p. 303, lettre à Mazarin, 14 juillet 1658, p. 307, à Colbert du Terron, 7 aoust 1658.

(2) Let., inst. et mém., t. IV. Introduction de Pierre CLÉMENT et notamment, pp. 3 et suiv., pp. 32 et suiv., pp. 51 et suiv., pp. 102 et suiv.

(3) Sully et Henri IV comprirent seuls cette nécessité de rattacher les propriétaires à la terre, par des attributions administratives, nécessité que ne comprirent ni Richelieu, ni Mazarin, ni Colbert. Voir PIGEONNEAU. *Loc. cit.*, t. II, p. 348 et 349.

« Ils (Henry IV et Sully) avaient voulu ramener le gentilhomme

misère des campagnes sous Louis XIV, dont nous aurons plus loin l'occasion de parler. Quant à la noblesse, elle rendit, en se détachant des campagnes, sa suppression absolument nécessaire, au moment de la Révolution ; ce n'était plus alors qu'une caste d'apparat (1).

Mais, si Colbert ne comprit pas les avantages de la noblesse au point de vue économique, il en vit certainement les inconvénients au même point de vue. Il lui reprochait de suivre les errements du clergé, de ne pas travailler et d'avoir des privilèges qui rendaient plus dure la condition de ceux qui n'en avaient pas. Pour leur permettre de travailler, il les autorisa plusieurs fois à faire du commerce ou de l'industrie sans déroger (2). Mais ces invitations n'eurent aucun succès, car l'oisiveté était pour les nobles un droit, beaucoup plus qu'une obligation (3). C'est pour cela que Colbert ne tenait nullement à son accroissement, et que dans ce but, il fit procéder à de nombreuses vérifications des titres de noblesse. Il espérait diminuer ainsi le nombre des faux-nobles qui, d'après lui, encombraient les provinces de leur oisiveté et de leur insolence. Il ne parvint que partiellement à enrayer le mal (4).

à la terre, rapprocher le seigneur du paysan, conserver à la France cette force qui, une fois détruite, ne saurait plus renaître : une aristocratie fondée sur la tradition et sur la propriété ».

(1) TH. FUNCK-BRENTANO. *Loc. cit* , p. 106.
(2) Voir not. let. inst. et mém de COLBERT, t. II, p. 2, p. 800.
(3) Let , inst. et mém., t. IV, pp. 1 et suiv. de l'Introduct.
(4) *Ibid.*, t. II, p. 1, p. 76, nᵒ 26. Aux intendants, 6 oct. 1670, t. IV, p. 33.

Mais ce que Colbert voulut avant tout, c'est que la noblesse s'occupa exclusivement du métier militaire dont elle était chargée (1). Il la força même à remplir ses obligations à cet égard. Il représenta que le devoir qu'avaient les gentilshommes d'entrer au service du roi, était la contre-partie des privilèges fiscaux et honorifiques qui leur étaient accordés, et il menaça ceux qui refuseraient d'aller à l'armée de les dépouiller de leur qualité (2).

La sévérité de Colbert à l'égard de la noblesse, et la méconnaissance de son rôle économique vinrent en très grande partie, indépendamment des causes que nous avons signalées, du rôle peu honorable qu'elle jouait à ce moment là dans les provinres.

Elle vexait et pillait les populations sans pitié. Dans certaines provinces, Colbert dut instituer des Grands Jours pour réprimer les excès des gentilshommes, et il avoue que presque toutes les provinces auraient eu besoin de leurs Grands Jours (3).

L'œuvre réformatrice de Colbert s'exerça d'une façon

(1) Let. inst. et mém., t. IV, p. 31. Colbert demande aux intendants « si, en général, il y a beaucoup de nobles qui aient été à la guerre ou non ».

(2) DEPPING. Correspondance administrative sous Louis XIV, t. III, p. 157. Voysin de la Noiray à Colbert. « Il oblige les gentilshommes, exempts de la taille, à prendre du service selon leur devoir », p. 769. Lettre de Chamillart à Colbert.

(3) Let , inst. et mém., t. VI, pp. 1 et suiv. de l'Introd. de CLÉMENT. « Les gentilshommes terrorisaient les campagnes ».
« Usurpations des bien des particuliers, des églises ou des communes, établissement illégal de banalités, de péages, de taxes, tout cela formait le régime d'une grande partie de fiefs », t. IV, p, 70, p. 141.

plus heureuse sur le Tiers-État, dont il comprit mieux le véritable rôle économiqne. Comme marchands, industriels, armateurs, les membres de cet ordre possédaient une grande partie des capitaux mobiliers de la France, qu'ils faisaient valoir de la manière la plus profitable à l'État.

Malheureusement, et c'était là l'origine de tout le mal, ils occupaient également la plupart des offices de finances et de justice (1) que la royauté avait multiplié hors de toute proportion avec les véritables besoins de l'administration, ce qui avaient eu pour conséquence d'immobiliser dans l'oisiveté, un grand nombre de personnes, qui auraient trouvé dans le commerce ou l'industrie un emploi plus utile de leurs facultés (2). Forbonnais nous dit, en effet, qu'il y avait à ce moment là 40,000 officiers, alors que 6.000 eussent suffi pour remplir les mêmes fonctions (3). A cet inconvénient, s'en était ajouté un autre tout aussi grave ; c'était le haut prix qu'atteignaient toutes ces charges, qui conformément aux coutumes de cette époque étaient cessibles, comme le sont aujourd'hui les études de notaires ou

(1) Le mal était ancien; voici en effet ce que nous dit Pnimonneau, loc. cit., p. 175, à propos du xvie siècle : « Les bourgeois administrent le royaume mais c'est de cette époque, que datent deux fléaux dont la Révolution a été impuissante à débarrasser la France, la plaie du fonctionnarisme et le dédain des carrières industrielles et commerciales. »
(2) Let., inst. et mém., t. VI, p. 4 et p. 8.
(3) Forbonnais. Recherches et considérations sur les finances de la France, t. I, p. 327. « 45,780 familles occupaient ces charges, 6.000 eussent suffi lesquelles formaient un corps méprisant les travailleurs ».

d'avoués. La plus grande partie était même héréditaires. Comme le goût des fonctions publiques était au moins aussi développé qu'aujourd'hui, et qu'en outre, ces charges donnaient droit à des privilèges très enviés, elles nécessitaient un commerce d'argent, que Colbert tient pour très considérable et que Forbonnais estime un des plus importants de ceux qui se faisaient en France. « Tout cela se faisait, nous dit Colbert, au détriment du véritable commerce profitable à l'État » (1). L'État, du reste, souffrait de cette situation d'une autre façon encore, c'était par la très grande quantité de gages qu'il devait donner à tous ces fonctionnaires (2). Les populations en souffraient encore davantage. Les rapports des intendants à Colbert ne tarissent pas sur les « voleries » et les pillages des gens de justices et de finances. Colbert les comparait à une sorte de lèpre qui rongeait la France. Toutes ces causes réunies entravaient d'une façon sérieuse le développement économique de la France et rendaient une réforme nécesisaire (3).

Colbert en comprit toute l'étendue et dans un des projets de réforme qu'il soumit au roi, il proposa l'abolition de la

(1) Let., inst. et mém . t. VI, p. 245, no 26, avis sur l'annuel, 1665. — « Toutes les terres du royaume estimées suivant leur juste valeur, ne pourraient pas payer le prix de toutes les charges de judicature et de finances ». — FORBONNAIS, loc.cit., p. 331.
(2) FORBONNAIS, loc. cit., p. 327.
(3) Let., inst. et mém., t. VI, p. 4. « Elle (la justice) impose un joug pesant et tyranique sur tout le reste de vos peuples ». DEPPKING, loc. cit., t. III, p. 63.

vénalité et de l'hérédité des charges (1). Les nécessités financières de l'État ajournèrent indéfiniment l'exécution de ce projet, mais Colbert réussit pendant son administration à diminuer d'une moitié environ le nombre des offices, et à imposer aux autres officiers plus de dignité et de moralité dans l'exercice de leurs charges (2).

Mais la cause que nous venons de signaler n'était pas la seule qui éloignait le tiers-État de l'exercice du commerce et de l'industrie et le détournait d'y placer ses capitaux. Il existait en effet une grande quantité de rentes sur l'État, dont la possession permettait de vivre dans l'oisiveté et dont le commerce absorbait, en outre, une grande quantité de capitaux (3).

D'autre part, le désordre qui régnait à cette époque dans les finances de l'État, permettaient aux financiers chargés de lui faire les avances dont il avait besoin, de prélever des commissions qui, dans certains cas, allaient jusqu'au 50 pour 100. Dans ces conditions ils pouvaient donner à ceux qui leur prêtaient d'énormes intérêts et détourner ainsi du commerce et de l'industrie des capitaux importants (4).

(1) Let., inst. et mém., t. VI, p. 107 de l'introduct. — n° 26. Avis sur l'annuel.
(2) Let., inst. et mém., t. II, p. 1, p. 60. Mémoires sur les finances, de 1663, p. 127. Mémoire pour rendre compte au roi de ses finances vers 1680. FORBONNAIS, loc. cit., p 544.
(3) FORBONNAIS, loc. cit., p. 272. « Depuis 1621, il avait été créé pour 25.532.122 livres de rentes, il subsistait en outre 2.038.950 livres de rentes à la mort d'Henri IV. — Let., inst. et mém., t. II, part. 1, p. 1 et suiv. de l'introd. de P. CLÉMENT.
(4) Let., inst. et mém., t. II, p.40. FORBONNAIS, loc. cit, p. 372, nous rapporte que de son temps encore, le placement de l'argent

Nous verrons en traitant de la politique financière comment
Colbert supprima la plus grande partie des rentes sur l'État et
réduisit à un taux raisonnable les profits excessifs des financiers. Ce qu'il importe de remarquer, parce qu'il l'avoualui-
même, (1) c'est que l'un des motifs qui le détermina à opérer
ces réductions et ces remboursements ce fut le désir très vif
qu'il eût de voir la bourgeoisie s'engager dans des entreprises
industrielles et commerciales ety consacrer ses capitaux (2).

Nous verrons plus loin quelles mesures il prit pour encou-
rager et développer le commerce et l'industrie. Son rêve
fut de créer une sorte de classe, exclusivement composée de
personnes adonnées au négoce et aux manufactures, qui
conserverait et perpétuerait dans son sein, comme en
Angleterre et en Hollande, de fortes traditions commerciales (3). Cette classe n'existait pas; il nous révéla lui-même
dans ses lettres et mémoires, que toutes les fois qu'un

chez les partisans rapportait au minimum 15 0/0 et au maximum
10 0/0 dans le commerce.

(1) ISAMBERT, t. XVIII, p. 69 à 71. — « Les profits excessifs,
qu'apportent ces constitutions de rentes pouvant servir d'occasion
à l'oisiveté et empêcher nos sujets de s'adonner au commerce, aux
manufactures et à l'agriculture ».

(2) Let., inst. et mém., t. VII. Mémoire au roi sur les finances
(1670) nᵒ 15, p. 237. « Avant l'administration du roi, les particuliers avaient trois moyens de profiter de leur argent; savoir :
l'aliénation prodigieuse des revenus (du roi), le prêt aux gens
d'affaires... et le commerce. Le roi a supprimé les deux premiers
moyens et a travaillé à fortifier le troisième, de manière qu'il put
faire comme les deux autres.

(3) Let., inst. et mém,, t. VI, p. 5 « Il faut faciliter et rendre
honorables et avantageuses, toutes les conditions des hommes
qui tendent au bien public comme les marchands. » Voir également, t. VI, p. 25 de l'introduct. de P. CLEMENT.

commerçant venait à s'enrichir dans sa profession, il n'avait rien de plus pressé que de la quitter ou de la faire quitter à ses enfants (1).

Il réussit dans une certaine mesure, car la France devint après son ministère un pays industriel très important, or ce résultat n'a pu être acquis que par la constitution d'une véritable caste commerciale et industrielle, qui se recruta dans le Tiers-État(2). Et il est indiscutable que les mesures que prit Colbert, pour éloigner la bourgeoisie des carrières qu'offraient l'achat des offices et pour relever la profession des commerçants et des industriels par les faveurs et les privilèges qu'il accorda au commerce et à l'industrie, ne furent pas étrangères à cette heureuse transformation.

Une idée maîtresse domine toute la politique gouvernementale de Colbert, nous pouvons déjà nous en rendre compte, et cette idée est que chacun doit travailler selon sa fortune et selon son rang, et travailler pour la grandeur et la prospérité de l'État (3). Mais quand il s'agissait de la noblesse, du clergé, du Tiers-État, ce n'est qu'indirectement que cette pensée de Colbert s'était manifestée. Il se préoccupait davantage, en effet, des obstacles qui pouvaient les empêcher de remplir leurs devoirs, que des moyens à employer pour les forcer

---

(1) Let., inst. et mém., t. VI. Avis sur l'annuel : « Tous ceux qui ont quelque fortune, fils de marchand ou autre, veut devenir officier de son souverain. »

(2) FUNCK-BRENTANO. Loc. cit., p. 101.

(3) Let., inst. et mém., t. VI, p. 5. « Il faut observer de rendre difficile toutes les conditions des hommes qui tendent à se soustraire du travail qui va au bien général de tout l'État. »

directement à travailler. Or il n'en fut plus ainsi, quand il
eut à s'occuper du peuple proprement dit. Sa pensée se
manifesta très clairement : le peuple doit travailler non
seulement parcequ'il doit payer l'impôt, mais parce que le
travail est la seule manière d'enrichir le pays et de maintenir l'État dans la puissance où il doit être (1). Cette obligation est pour le peuple une obligation stricte à laquelle
rien ne peut le soustraire (2). Elle fut sanctionnée par des
peines sévères : les mendiants et les vagabonds furent
enfermés dans des hôpitaux ou maisons de force ou bien
encore envoyés aux galères (3). C'était la conséquence logique de la doctrine mercantiliste pour laquelle l'État est tout
et l'individu rien (4). Colbert exigea du peuple l'accomplissement de ce devoir, avec d'autant plus de sévérité qu'il
voulait transformer la France au point de vue économique
et en faire un pays industriel, d'agricole qu'il était. Pour
cela il avait besoin d'une population laborieuse (5).

(1) H. HECHT. *Loc. cit.*, p. 59. « Le travail est le résumé (der
Inhalt) du mercantilisme de Colbert. »
(2) Let., inst. et mém., t. II, p. 140 et suiv. de l'introduct. de
P. Clément, p. 102 à M. de Ménars 21 juin 1679. « Les peuples ne
peuvent se soulager que par le travail », t. VII, p. 447.
(3) Let., inst. et mém., t. IV. p. 93, n° 83. Aux intendants.
Ibid., t. IV, n° 20. Routes, canaux et mines.
(4) DEPPING. *Loc. cit.*, t. III, p. 824. Lettre du roi aux échevins
de Villeneuve-le-Roi, Joigny, etc. Le roi donne avis de l'envoi de
Camuzet avec ordre de lui donner assistance et ajoute : « et pour
cet effet, que vous obligiez ceux desdits habitants, tant hommes
que femmes et les enfants depuis l'âge de 10 ans qui sont sans
occupations, à travailler à ladite manufacture. » Voir également
let., instr. et mém., t. II, p. 2, pp. 515 et 516, *Ibid.*, p. 440.
(5) GOURAUD. Histoire de la politique commerciale de la
France, pp. 233 et suiv.

Pour la rendre telle, il envoya dans presque toutes les parties du pays des entrepreneurs chargés de fonder des manufactures et d'y enseigner la manière d'y travailler (1). Et même lorsque l'industrie qu'il voulait fonder était inconnue en France il n'hésitait pas à faire appel au travailleur étranger (2) pour faire l'éducation du travailleur français.

Mais ce n'était pas tout, que d'enseigner au peuple la manière de travailler ; le plus important était de faire son éducation morale, de lui apprendre à vouloir travailler. Ce fut là à coup sûr la partie la plus délicate de l'œuvre de Colbert. Les moyens qu'il employa pour cela furent variés.

Tantôt il procédait par la douceur, promettant des primes et des privilèges à ceux qui viendraient travailler aux manufactures (3), tantôt procédant, au contraire par la violence, il menaçait d'amendes et de prison ceux qui refuseraient (4).

Il se servait d'autre part, de l'influence que pouvait avoir les municipalités (5) et les autres autorités sociales sur les populations pour les amener à travailler. Il s'adressait fré-

(1) T. IV. Let., inst. et mém. Routes, canaux et mines, no 22, au sieur de la Feuille, ingénieur, t. II, p. 2. p. 851. « Si les peuples désirent semer du lin, on leur enverra des ouvriers étrangers qui apprendront à le filer. »

(2) Ibid., t. II, part. II, p. 854. Instruction au sieur Camuzet. DEPPING. Loc. cit., t. III, pp. 716 et suiv., pp. 807 et suiv.

(3) Let., inst. et mém., t. II, p. 2, no 27, p. 440. Aux maire et échevins d'Auxerre. Ibid, no 282. A M. Boucher, intendant à Dijon.

(4) Let., inst. et mém , t. II, p. 2, p. 89. Aux maires et échevins d'Auxerre. Ibid., p. 211.

(5) Let., inst. et mém,, t. II, p. 2, no 173 ; p. 497, no 71 ; p. 441, no 27 ; no 271, p. 678.

quemment au maire et aux échevins dans les villes pour les exhorter à faire travailler leurs administrés, les menaçant dans le cas où il ne serait pas obéi, de les accabler d'impôts ou de leur mettre des garnisons, ou bien, au contraire, leur promettant, si ses ordres étaient exécutés, toutes les faveurs du pouvoir (1). Il prescrivait en même temps aux évêques et aux curés, les uns dans leurs mandements, les autres dans leurs sermons, d'enseigner l'obéissance aux volontés du roi à cet égard (2). Et enfin pour que personne ne puisse se soustraire à cette loi du travail en trouvant ailleurs des moyens de subsistance, il demandait aux abbayes de ne distribuer des aumônes, que lorsque l'incapacité de travail, était certaine, ou de donner, en même temps, une certaine quantité de travail (3).

En dernière analyse la politique gouvernementale de Colbert, aboutissait à réduire au minimum toutes les classes de citoyens, dont l'action n'avait pas pour but de concourir, sous une forme ou sous une autre à la prospérité de l'État et à favoriser au contraire le développement de celles qui, parleur travail, pouvaient l'enrichir. Il arriva de cette façon à faire du travail la pierre angulaire de tout son système. Aussi n'eût-

(1) Let., inst. et mém , t. II, p. 2, n⁰ 132, p. 551 A M. Voysin de la Noyraie, intendant à Tours, t. IV, p. 40. *Ibid.*, p. 356. DEP-PING. *Loc. cit.*, t. III, p. 776.
(2) DEPPING. *Loc. cit.*, t. III, p. 808. « J'ay prié aussi M. le curé d'exciter dans ses prônes les peuples au travail ». Let., inst. et mém., t. II, p. 2, p. 654.
(3) Let., et mém., t. II, p. 2, p. 305. A M. le Blanc, intendant à Rouen. « Il n'y a rien de si important que de diminuer la fainéantise dans les provinces en supprimant les aumônes inconsidérément données par les abbayes ».

il voulu dans l'État que des travailleurs et se persuadait-il volontiers, que s'il pouvait jamais arriver à ce résultat, la puissance du roi s'accroîtrait dans des proportions très considérables : « Il faut, dit-il au roi, réduire toutes les professsions de vos sujets à celles qui peuvent être utiles. Celles-ci sont l'agriculture, la marchandise, la guerre de terre et celle de mer. Si votre majesté peut parvenir à réduire tous ses peuples à ces quatre sortes de professions, l'on peut dire, qu'elle peut être le maître du monde (1) ».

(1) Let., inst. et mém., t. VI, p. 3, n⁰ 3. Mémoire au roi, 26 octobre, 1664.

DE MAZAN

CHAPITRE II

POLITIQUE FINANCIÈRE

Sommaire. — Les finances forment la partie principale du sys tème économique de Colbert; sa politique financière est le centre de toute son économie politique. — Réformes qu'il introduit dans l'administration des finances pour soustraire l'État aux vols des financiers. — Il entreprend la réforme générale de l'impôt pour le rendre plus apte à remplir sa destination. — L'impôt était une forme de la propriété royale s'exerçant inégalement suivant les personnes et suivant les lieux. — Colbert veut : 1º rendre l'impôt proportionnel à la fortune du contribuable; 2º augmenter le nombre des contribuables; 3º rendre la levée des impôts la moins onéreuse possible. — Application de ce système à la répartition de la taille ; à l'établissement des impôts indirects; à la fixation de la somme totale à payer par le pays ; à l'équilibre à établir entre les dépenses et les recettes. — L'oubli de ces principes fut pour l'ancien régime une cause de ruine.

Colbert n'avait entrepris de réformer la société de son temps, que pour aider plus efficacement au développement de l'État. Sa politique financière procéda de la même volonté. Il voulut, en effet, donner satisfaction aux besoins d'argent de l'État moderne, en lui permettant, grâce à un bon système financier, de profiter de toutes les ressources économiques de la nation. Et comme ces besoins d'argent de l'État

étaient, en ce moment, les plus impérieux et les plus diffi-
ciles à satisfaire, Colbert fit de leur satisfaction, le centre de
tout son système économique. C'est ainsi que la partie financière de l'œuvre de Colbert domine et explique toutes les
autres.

Le mercantilisme ne fut souvent du reste, dans sa partie
purement économique, que l'expression doctrinale d'une
fiscalité savante. C'est ainsi que les finances furent toujours
la préoccupation dominante des mercantilistes et des hommes
d'État de cette école. Richelieu les compare au levier d'Ar-
chimède capable de soulever l'univers (1). Colbert vit en
elles à son tour la partie la plus importante de l'État :
« sachant, nous dit le rapport des ambassadeurs vénitiens
près la cour de France, que c'est par là que règnent les rois,
obéissent les sujets et que c'est l'instrument principal des
desseins des États (2).» Il nous apprend lui-même le cas
qu'il en faisait : « C'est une maxime constante et reconnue
généralement dans tous les États du monde, que les finances
en sont la plus importante et la plus essentielle partie. C'est
une matière qui entre en toutes les affaires, soit qu'elles
regardent la substance de l'État en son dedans, soit qu'elles
regardent son accroissement et sa puissance au dehors, par
les différents effets qu'elle produit dans les esprits des
peuples pour le dedans, et des princes et des États étrangers pour le dehors (3).» Il fut du reste avant tout un

(1) HECHT. *Loc. cit.*, p. 42.
(2) Let., inst. et mém., t. VII, p 172 de l'introduct.
(3) Let., inst. et mém., t. II, p. 1, nᵒ 14, p. 17.

financier, et un financier trè remarquable (1). Les finances
françaises entrèrent, grâce à lui, dans une ère de prospérité,
qu'elles ne connaissaient plus depuis Sully, et qui ne repa-
rut plus après son administration (2). Son mérite fut d'autant plus grand que, lorsqu'il arriva au pouvoir, il fallait tout
réformer et tout réorganiser : l'administration et le système
des impôts eux-mêmes. C'est ce qu'il fit : Il réforma l'administration, en imposant le contrôle permanent de l'État, et
les impôts, en fixant les bases d'une répartition qui fit contribuer tous les citoyens aux charges publiques.

Jamais la nécessité d'une réforme dans l'administration ne
s'était faite sentir d'une façon plus urgente qu'à cette époque.
Colbert lui-même nous a laissé dans sa correspondance le
tableau du désordre qui régnait dans les finances et des
dilapidations dont il fut le témoin (3).

Le mal, d'après lui, venait de l'autorité que l'on avait
laissé prendre aux financiers dans l'État, à cause du besoin
que l'on avait d'eux. Ils en avaient profité pour s'emparer,
en quelque sorte, des finances publiques (4). Chargés, sous
le nom de traitants ou de partisans, de faire à l'État les

(1) Les finances furent toujours la préoccupation constante de
Colbert, voir notam : let., inst. et mém., t. VII, p. 252.
(2) P. CLÉMENT. Loc. cit., t. I, pp. 275 et suiv. JOUBLEAU.
Étude sur Colbert, t. I, pp. 215 et suiv.
(3) Let., inst. et mém., t. VII, n° 14, p. 165. Mémoire de
Colbert à Mazarin, p. 191 ; à Louis XIV en 1661, p. 198, n° 5 ;
p. 201, n° 6 ; p. 204, n° 7 ; t. II, p. 1, p. 17, mémoire sur les
finances de 1663.
(4) Let., inst. et mém., t. II, p. 1, p. 40 « les finances, livrées
à une bande de traitants, étaient devenues leur domaine et leur
secret. »

avances nécessitées par les besoins du service, de procéder à la levée des impôts indirects qui leur étaient affermés, de négocier les emprunts, ils avaient profité de cette situation pour exiger des remises qui allèrent d'après Colbert, jusqu'au 50 0/0 des sommes versées au Trésor et pour commettre même de véritables escroqueries aux dépens de l'Etat (1). Ils pouvaient d'autant plus facilement se livrer à ces vols qu'ils avaient pris la précaution de s'attacher toutes les personnes qui auraient pu leur porter ombrage (2). L'absence de contrôle sérieux de la part du pouvoir rendait cette œuvre de corruption facile. En effet, le surintendant général des finances qui avait toute autorité en ces matières, était à la fois ordonnateur et comptable et n'était responsable que devant le roi (3). Aussi était-il le premier à être acheté et son autorité ne servait plus qu'à dissimuler les fraudes des financiers dont il était bien souvent un ancien collègue (4). La situation n'était pas meilleure dans les provinces ; les officiers des finances, en effet, étaient propriétaires de leurs charges et se trouvaient-vis-à-

(1) Let., inst. et mém., t. VII, p. 165. « L'on ne parle pas des gains épouvantables que les gens d'affaires ont fait, et de leur insolence qui est montée à un tel point qu'elle serait incroyable si on ne la voyait tous les jours », p. 174, « le peuple paye 90 millions d'impôts dont 50 millions restent aux intermédiaires. »
(2) Let., inst. et mém., t. VII, p. 173 « ...les liaisons et engagements que les principaux des finances peuvent avoir avec les gouverneurs de provinces et de places, etc. »
(3) JOUBLEAU. Loc. cit., t. I, p. 20.
(4) Let., inst. et mém., t. VII, p. 165. « Le surintendant a ainsi pris plus de 10 millions en deux ans. »

vis du pouvoir dans une sorte d'indépendance fâcheuse (1),
dont ils abusèrent pour exiger de l'État des remises
usuraires pour les versements qu'ils avaient à faire et, chose
plus grave peut être, pour exiger des contribuables plus qu'ils
ne devaient (2). Là encore, l'absence du contrôle sérieux
maintenait les mêmes abus. Il arriva que l'État se trouva
accablé de dettes et dans une misère croissante, que ne
pouvaient soulager les impôts de plus en plus lourds qu'on
exigeait des contribuables ; seuls les financiers et les
officiers des finances prospéraient. Ce qu'il y avait de plus
grave, c'est que le temps semblait avoir consacré tant de
désordres, et Colbert nous révèle que c'était une maxime
reçue dans l'administration des finances, que l'État ne pouvait subsister, que dans le désordre des finances et les
agiotages des gens d'affaires et des financiers (3).

Colbert inaugura son administration en faisant arrêter le
surintendant Fouquet et en traduisant devant une Chambre
de justice un certain nombre de financiers, particulièrement
compromis, qui durent restituer une grande partie de leur
fortune (4).

Il fixa ensuite le taux des remises que l'État accorderait

(1) FORBONNAIS. Loc. cit., t I, p. 286. « Tous les offices des
finances, les plus grands comme les plus petits étaient en charge,
c'est une des plus grandes fautes qu'il soit possible de commettre
dans la perception. »
(2) Let., inst. et mém., t. VII, p. 176. « Les peuples payent
encore près de 12 à 15 millions pour frais de sergens, contrainte
et autres concussions de toute nature d'officiers. »
(3) Let., inst et mém., t. VII, p. 170.
(4) NEYMARCH. Vie de Colbert, t. I, pp. 54 et suiv.

désormais soit aux financiers, soit aux receveurs généraux, soit aux autres officiers préposés au recouvrement des finances (1). Enfin il procéda à une liquidation générale des dettes de l'État, qu'il réduisit dans une très forte proportion. Les procédés un peu brutaux qu'il employa à cette occasion dans la réduction des rentes et la révocation des aliénations des revenus de l'État s'expliquent, s'il ne se justifient pas complètement, par la suspicion légitime qui atteignait la plupart des opérations financières faites depuis près d'un demi-siècle (2).

Parallèlement à ces exécutions et pour prévenir à l'avenir le retour de pareils abus, il réorganisa l'administration des finances par l'institution d'un contrôle sérieux de la part du gouvernement. Il remplaça le surintendant, dont la charge fut supprimée, par un conseil des finances, assisté d'un contrôleur général, chargé de l'expédition des affaires, et présidé par le roi (3). Il réserva au roi la décision à prendre dans toutes les affaires financières qui intéresseraient l'État. Et afin de lui permettre de contrôler toutes les opérations et de se rendre compte de l'état des finances, des rapports très fréquents, au moins deux fois par mois, devaient lui être soumis (4).

Il avait du reste coutume de déclarer que le devoir d'un

(1) FORBONNAIS. Loc cit., pp. 30 et suiv.
(2) JOUBLEAU. Loc. cit., t. I, pp. 44 et suiv.
(3) Let., inst. et mém , t. II, p. 196 de l'introd. Mémoire sur les finances.
(4) Let., instr. et mém., t. II, p. 17. Mémoire sur les finances, 1663, p. 749. Règlement pour le conseil général des finances.

ministre des finances devait consister à rendre ces matières aussi claires que possible et à faciliter le contrôle du roi (1).

Il s'occupa ensuite de la composition et des règlements à imposer aux compagnies de traitants qui se formaient pour assister l'État dans ses opérations financières et pour affermer les impôts indirects (2). Pour éviter notamment les collusions frauduleuses entre les agents du gouvernements et ces compagnies financières dans l'adjudication de la ferme des impôts indirects, il fit déclarer qu'elle n'aurait plus lieu qu'aux enchères publiques (3).

L'activité réformatrice de Colbert s'étendit ensuite aux provinces. Il confia aux intendants, chargés de représenter le pouvoir central, le soin de contrôler tout ce qui pouvait intéresser les finances de l'État (4). Il les chargea notamment d'exiger de la part des receveurs généraux l'exactitude et la fidélité à leurs engagements (5), de surveiller les receveurs des tailles et les autres officiers des finances, pour qu'ils ne puissent abuser de leur autorité pour vexer les populations (6). Il couronna toutes ces prescriptions en enlevant aux officiers des finances le privilège de transmettre leurs charges par voie d'hérédité, voulant ainsi dans une certaine

(1) Let., inst. et mém., t. VII, p. 171.
(2) JOUBLEAU. Loc. cit., t. I, 69 et suiv., pp. 148 et suiv.
(3) Let., inst. et mém., t. II, p. 83, nᵒ 38. Notes sur l'administration des finances.
(4) NEYMARCHN. Loc. cit., t. I, p. 98.
(5) Let., inst. et mém., t. II, p. 228, p. 235.
(6) Ibid., p. 96, nᵒ 48, lettre aux intendants, p. 133, nᵒ 80, lettre aux intendants.

mesure rendre ces fonctionnaires plus dépendants du pouvoir central (1).

Mais une réforme plus importante encore s'imposait à l'attention de Colbert, c'était celle des Finances de l'État et des sources où elles s'alimentaient. Un phénomène, en effet, assez fréquent dans les finances, depuis le XVIe siècle, était la disproportion entre les dépenses, qui tendaient à augmenter, et les revenus, qui tendaient au contraire à décroître (2). Il fut particulièrement sensible à Colbert (3), qui eut à satisfaire aux dépenses des nombreuses guerres et aux coûteuses prodigalités, qui signalèrent la première partie du règne de Louis XIV (4). Cette obligation de parer aux dépenses toujours croissantes de l'État, l'obligea à modifier l'ancien système d'impôt pour le mettre à même de satisfaire à ces nouveaux-besoins.

Les principales sources de recettes étaient alors la taille et la gabelle, qui étaient deux impôts qui pesaient presque entièrement sur le peuple des campagnes. Le paysan était, en effet, à cette époque, la base et le soutien des finances, et il le resta, on peut le dire, jusqu'à la fin de l'ancien régime (5).

C'est ce qui explique le soin qu'en prit Henri IV, qui vou-

---

(1) FORBONNAIS. *Loc. cit.*, t. I, p. 287.
(2) HECHT. *Loc. cit.*, p. 45.
(3) Let., inst. et mém., t. VII, p. 234. « L'augmentation des dépenses jointe à la difficulté de tirer l'argent des provinces ».
(4) Let., inst. et mém., t. II, p. 2, p. 783, n° 6. Tableau des recettes et des dépenses depuis 1662 jusque et y compris 1680.
(5) René STOURM. Les Finances de l'ancien régime et la Révolution, pp. 238 et suiv., pp. 303 et suiv.

lait, dit la tradition, que chaque paysan put le dimanche mettre la poule au pot. Et comme les impôts étaient payés avec l'argent qui provenait de la vente du blé, Sully, qui fut l'inspirateur de la politique d'Henri IV, fit tous ses efforts pour favoriser la culture et l'exportation de cette denrée (1). Il y réussit, mais cette situation prospère, ne se maintint pas pour les campagues après son administration.

La France se changea alors en un vaste champ de bataille, ou tous les partis politiques se battirent à la suite les uns lesautres. Le paysan fut le premier à en souffrir, car ses champs furent dévastés et il fut lui-même condamné à la misère par le pillage des gens de guerre. En même temps, les besoins croissants de l'État amenaient une élévation correspondante dans le chiffre des impôts que l'on demandait aux campagnes. La taille seule de 1609 à 1659 passa de 15 millions à 57 millions, soit quatre fois davantage (2), sans que la situation des paysans se fut améliorée : elle avait au contraire empirée (3). Enfin pour comble de disgrâce, la nature elle-même sembla vouloir achever la ruine des malheureux contribuables. De 1616 à 1680, c'est-à-dire durant 70 ans, la France supporta dix années de mauvaises récoltes et 7 années de cherté. C'est à ce point que la France, qui était encore au commencement du siècle le

(1) Let , inst. et mém., t. IV, pp. 40 et suiv. de l'introduct. PIGEONNEAU. Loc. cit., t. II, p. 347.
(2) FORBONNAIS. Loc. cit., p. 273.
(3) Let., inst. et mém., t. II, p. 2, p. 234 de l'introduct. à Louis XIV en 1673. « Tous les avis des provinces portent qu'il y a beaucoup de misère parmi le peuple et une très grande rareté d'argent. »

principal pays d'exportation pour le blé, fut obligé d'en importer dans le courant du xviie siècle (1). Ce dernier résultat est dû, non seulement aux causes naturelles que nous exposons, mais encore à la mauvaise politique qui fut suivie à l'égard de l'agriculture par les gouvernements qui succédèrent à Henri IV, et par Colbert en particulier.

Il résulta de tout cet ensemble de causes un état de misère permanente pour les paysans, dont beaucoup durent émigrer (2). Quant à l'impôt, il devint de plus en plus difficile à recouvrer ; les non-valeurs se multiplièrent, augmentant encore la détresse du trésor (3).

Cette situation appelait un remède énergique que Colbert seul eut l'intelligence de comprendre et le courage d'appliquer. Ses prédécesseurs au ministère n'avaient su, en effet, pour enrayer le mal, que trouver des palliatifs qui n'avaient fait que l'aggraver. Pour parer aux dépenses, ils se contentaient d'augmenter encore le chiffre d'un impôt déjà trop lourd ou d'aliéner les biens de l'État, sacrifiant ainsi le présent à l'avenir (4). Colbert vit clairement, au contraire, que l'Etat ne pouvait être sauvé que par la réforme de tout le système d'impôts alors en vigueur et par son adaptation à la nouvelle situation économique du pays. Il parvint

(1) Hecht. Loc. cit., p. 46.
(2) A. Feillet. La misère au temps de la Fronde.
(3) Forbonnais. Loc. cit., p. 273, t. I. « Les tailles vont à 57 millions et ne rapportent pas plus que comme, lorsque en 1820, elles étaient à 18 ou 20 millions parce qu'elles n'étaient pas payées. »
(4) Let , inst. et mém., t. VII, p. 170.

ainsi à faire reconnaître en cette matière les véritables
principes qui sont encore aujourd'hui la base de tout système rationnel d'impôt.

Les revenus de l'État ne se distinguaient pas à cette
époque des revenus du roi lui-même. Cette confusion entre
la propriété du roi et la propriété de l'État était à la base
de la doctrine mercantiliste (1). L'augmentation des revenus de l'État devait donc être cherchée dans une augmentation soit des domaines, soit des droits du roi. Depuis le
xvie siècle, les domaines royaux proprement dits n'occupaient
plus dans la liste des revenus du roi qu'une place tout à
fait secondaire (2). Il ne fallait même pas espérer leur donner
plus d'importance, car ils tendaient plutôt à diminuer qu'à
augmenter. Les droits royaux, au contraire, tendaient à
prendre une extension de jour en jour plus considérable.
C'était donc là que devait porter tout l'effort de la réforme.

Ces droits ou impôts étaient de nature très différentes : il
y avait des impôts directs et des impôts indirects, des impôts
de quotité et des impôts de répartition : leur mode d'administration était également très varié. Les uns étaient levés
directement par les agents de l'État, les autres, au contraire,
étaient affermés à des financiers ; quelques-uns même
étaient levés par les administrations municipales et provinciales (3).

(1) FUNCK-BRENTANO. *Loc. cit.*, pp. 1 et suiv. BLUNTSCHLI. *Loc.
cit.*, p. 54.
(2) Let., inst. et mém., t. IV, no 25. Instruction pour les maîtres
des requêtes, commissaires départis dans les provinces, p. 34.
(3) Let., inst. et mém., t. IV, p. 36.

Mais tous ces impôts portaient encore la marque de leur origine féodale qui en faisait une extension de la propriété royale. Ils variaient, en effet, suivant les pays et suivant les personnes, avec les droits de la royauté elle-même sur ces pays et sur ces personnes. Car, si en théorie, la royauté avait un pouvoir absolu sur les biens et les personnes de ses sujets, ce pouvoir se manifestait, en fait, d'une façon très différente, suivant les cas, et tenait compte des coutumes et des usages du pays. C'est ainsi que la différence, qui existait, au point de vue de certains impôts, entre les diverses provinces, avait sa source dans l'existence des chartes concédés par le roi, qui avaient stipulé pour la province, lors de sa réunion à la couronne, le maintien de certains privilèges fiscaux (1). D'autre part ce qui pouvait expliquer, dans une certaine mesure, la différence qui existait, également au même point de vue, entre les différentes catégories de citoyens, était l'existence de certains devoirs publics à la charge d'une partie déterminée de la nation : c'est ainsi que l'obligation du service militaire incombait d'une façon toute spéciale à la noblesse.

L'impôt n'était donc pas comme aujourd'hui la contrepartie des services que l'État rend à chaque citoyen, il n'était que l'expression du droit de propriété du roi sur les biens de ses sujets (2). C'est pourquoi l'impôt n'était pas, comme il l'est aujourd'hui, proportionnel à l'importance des

(1) Let., inst. et mém., t. IV, pp. 11 et suiv., t. VI, p. 397.
(2) J. RAMBAUD. *Loc. cit.*, voir art. « physiocrates », p. 95 et s.

services qu'il rend à chaque citoyen mais à l'étendue du droit
de propriété que le roi avait, en vertu de la coutume, sur
les biens de chacun de ses sujets. Ce droit était variable,
c'est ainsi, par exemple, que le clergé et la noblesse ne
devaient rien au roi comme impôt direct, en dehors d'un don
gratuit, qu'elles étaient libres d'accorder ou de refuser. Le
reste de la nation, au contraire, était, selon l'expression du
moyen âge, taillable et corvéable à merci, c'est-à-dire, que
le droit de la royauté pouvait aller en matière d'impôt aussi
loin que les facultés elles-mêmes du contribuable (1). Mais,
en fait, par suite des privilèges accordés au pays d'État, par
suite des immunités des villes franches, et des titulaires
d'offices de justice et de finances, cette maxime ne s'appliquait pleinement qu'au peuple proprement dit (2). Pour
cette partie de la nation, il était juste de dire que ses biens
étaient à la disposition du roi, qui avait la faculté de proportionner les impôts qui le frappaient aux besoins de l'État
lui-même.

Il n'est pas besoin de faire ressortir tout ce que cette
conception de l'impôt contenait d'injustice, au grand préju-
dice de l'État, puisqu'elle n'atteignait qu'une partie de la
fortune de la nation, et que de plus elle épuisait toute une

---

(1) Let., inst. et mém., t, VI, p. 235. — *Id.* t. IV, p. 14 de l'introduct. et suiv.
(2) R. STOURM. *Loc. cit* , t. I, p. 53. « les nobles et le clergé ne
payaient pas la taille, de plus il y avait 4000 charges et 40000 offices qui exemptaient de cet impôt ».

catégorie de citoyens utiles (1). Ce furent ces injustices et
ces abus que Colbert résolut de faire cesser par l'adoption
de principes plus justes et plus rationnels.

Il commença par établir, tout d'abord, la nécessité d'un
impôt qui fut proportionnel à la fortune du contribuable et
ne tenta pas de l'absorber toute entière, pour ne pas ruiner
le contribuable et l'État avec lui. Comme preuve de ce qu'il
avance, Colbert montre les effets d'un impôt foncier trop
élevé et disproportionné à la fortune de ceux qui l'ac-
quittent. « Tout ce que les peuples peuvent amasser, dit-il,
se divise en trois portions, la première, ce qu'ils peuvent
réserver pour leur subsistance et pour leur petite fortune,
la seconde pour leur maîtres, qui sont les propriétaires des
terres qu'ils cultivent, la troisième, pour le roi. C'est là
l'ordre naturel et légitime de cette distribution. Mais la
puissance du roi change tout cela, et les peuples com-
mencent d'abord à payer leurs impôts, et ne payent que peu
ou point leurs maîtres et réservant peu pour leur subsistance.... Cela les maintient dans la misère où ils sont depuis la guerre (1635) et les empêche de payer leurs maîtres,
c'est-à-dire les seigneurs et propriétaires des terres dont la
plainte n'est que trop publique et universelle dans le
royaume,.... Si on continue, les peuples succomberont, et
de plus on retombera dans toutes les difficultés du passé » (2).

(1) *Ibid.* « Il n'y a qu'un moyen unique d'échapper à l'impôt,
c'est de faire fortune ».
(2) Let., inst. et mém., t. VII, nᵒ 15, mémoire au roi sur les
finances (1670), pp. 233 et suiv.

L'impôt doit donc être proportionné aux ressources de chacun : une surcharge pour l'un et une charge trop petite pour l'autre seraient également injustes. Le riche doit payer, conformément à ses moyens, une somme plus élevée que le pauvre. La justice et l'intérêt du roi l'exigent ainsi (2).

Ces considérations amenèrent Colbert à rechercher les moyens dé faire contribuer le plus grand nombre possible de citoyens à l'impôt (3). La disproportion qui se produit entre l'impôt et la fortune du contribuable a souvent son origine dans ce fait que beaucoup de contribuables, qui doivent l'impôt, arrivent à s'y soustraire de toute espèce de manières (4). Il est évident, en effet, que moins il y a de personnes pour payer l'impôt, plus il sera lourd et disproportionné pour ceux qui auront à le payer. Aussi, n'est-il pas de recommandation, qui revienne d'une façon plus fréquente ni plus instante, dans les lettres de Colbert à ses agents, que celle de veiller à l'exacte répartition des impôts entre tous les contribuables. Il leur prescrivit no-

(1) Let., inst. et mém., t. IV, p. 35 « chacun en porte suivant sa force..... Les commissaires dans les provinces doivent toujours avoir cette maxime fondamentale de bien connaître la force au vray de tous ceux qui sont sujets auxdits droit », t. II, p. 72. « ...Rendre l'imposition égale dans la juste et véritable proportion de leur bien », p. 98, p. 374.

(2) Let., inst. et mém. T. II, pp. 1, 96, 134, no 80. — No 20, p. 72, aux intendants, circulaire de 1670 sept.

(3) Let., inst et mém., t. IV, p. 35 « ... empêcher que tous les gens puissants de tous les ordres de la province... ne fassent soulager les particuliers ou les communautés, car cela amène la misère, la non rentrée des impôts ou la difficulté et la vexation des agents du fisc ».

tamment une recherche très minutieuse des abus qui se glissaient alors dans le département des tailles (1). Un des moindres, pour ne citer que celui-là, consistait à corrompre les collecteurs, chargés d'opérer la répartition des tailles entre les habitants d'une même commune, afin de se faire inscrire sur les rôles pour une fortune inférieure à celle que l'on avait. En outre de ces prescriptions, Colbert s'attacha à diminuer le nombre de ceux, qui légalement étaient soustraits à l'impôt (3). Dans ce but, tantôt il enleva à certaines catégories de citoyens les privilèges fiscaux dont ils jouissaient, comme il le fit pour les titulaires de certains offices (4) ; tantôt il chercha à diminuer le nombre des privilégiés comme l'étaient, par exemple, les membres du clergé et de la noblesse, et la plupart des officiers de justice et de finances. Enfin, pour ceux qu'il ne pouvait atteindre directement, parce que leurs privilèges étaient, en quelque sorte, inhérents à leur condition même, comme l'étaient les privilèges du clergé et de la noblesse, il multiplia, comme nous le verrons dans un instant, certaines formes d'impôt auxquelles ils ne pouvaient se soustraire. Il voulait que, sous une forme ou sous une autre, tous les citoyens contribuassent au paiement de l'impôt.

(1) Let., inst. et mém., t. II, p. 1, nº 80, aux intendants, 1er juin 1680.
(2) *Ibid.*. t. II, p. 1, p. 65, de l'introd. de P. CLÉMENT.
(3) Let., inst. et mém., t. II, p. 15, 374, 375.
(4) Let., inst. et mém., t. 6, p. 15 et suiv.

DE MAZAN

Le désir de Colbert de proportionner l'impôt à la fortune du contribuable, lui fit appliquer encore le principe suivant, que l'impôt doit être levé avec le moins de frais et d'incommodités possibles pour le contribuable (1). L'impôt, en effet, devenait d'autant plus lourd et disproportionné, qu'à sa quotité se joignaient des frais plus considérables. L'intérêt de l'État commandait donc des ménagements à observer dans la levée de l'impôt. Les réformes que Colbert fit subir à toute l'administration des finances, montrent l'intérêt qu'il apporta à cette question. Il pouvait, du reste, d'autant moins s'en désintéresser, qu'il était pour ainsi dire assailli, chaque jour, par les plaintes qui lui arrivaient des provinces, sur les exactions des gens de finance, dont les rapines étaient passées en proverbe (2).Sous prétexte de frais, ils en étaient arrivés, dans certaines provinces, à faire payer aux malheureux contribuables, jusqu'au double de l'impôt réellement dû. Colbert mit un terme ces à abus (3), ainsi qu'aux procédés brutaux des agents du fisc et des receveurs des tailles qui, sous prétexte du moindre retard, procédaient à des saisies perpétuelles et remplissaient les prisons de collecteurs ou de contribuables en retard. Il fit même donner des primes aux receveurs des tailles dont la circonscription aurait eu, dans l'année, le moins d'emprisonnements et de saisies, et cassa, au contraire, ceux dont la circonscription se trouvait moins

(1) Let., inst. et mém., t. II, p. 1, n⁰ 80, t. IV, p. 35.
(2) DEPFING, t. III, p. 63.
(3) Let., inst. et mém,, t. II, p. 170 « Je regarde ce travail comme le dernier ouvrage qui reste à faire pour la perfection de l'économie et la juste administration des finances du royaume ».

ménagée que les autres. Il espérait intéresser de cette façon les agents du fisc à la réforme qu'il entreprenait (1).

Colbert fit l'application de ces idées dans la réforme d'ensemble qu'il fit subir au système général d'impôt, alors en vigueur, réforme qui porta principalement sur la répartition de l'impôt direct, sur l'établissement des impôts indirects et sur le chiffre total de l'impôt à demander, chaque année, à la nation. Cette réforme se manifesta enfin par le désir de Colbert de proportionner l'impôt à la fortune totale de la nation, et dans la nation à la fortune de chaque contribuable.

Voici en premier lieu les réformes que Colbert fit subir aux deux impôts les plus importants de cette époque : à la taille qui était un impôt direct et à la gabelle qui était un impôt de consommation. Les tailles étaient un impôt de répartition qui se divisait, chaque année, entre toutes les provinces du royaume, excepté celles que l'on appelait les pays d'État ; dans chaque province, entre chaque élection ou division administrative de la province ; dans chaque élection entre chaque commune et dans chaque commune enfin, entre chaque contribuable (3). Colbert voulut que dans cette série de répartitions successives, chacune des unités visées par l'impôt ne paya pas plus que ce qu'elle pouvait supporter.

Si, en effet, le contribuable ne peut pas le payer plus qu'il

---

(1) Let. inst. et mém., t. II, p. 1, p. 137, 1ᵉʳ août et 7 août 1680, p. 138, t. IV, p. 290, nᵒ 107.
(2) H. DENIS, loc. cit., p. 257.
(3) Let., inst. et mém., t. IV, p. 37.

ne possède, la commune ne peut pas payer également plus que ce que possèdent l'ensemble de ses habitants et si une répartition exacte s'impose entre les habitants eux-mêmes, elle s'impose entre les communes d'une même élection ; sinon une commune sera ruinée au détriment d'une autre. Colbert, en effet, cite, à l'appui de cette thèse, l'exemple de communes dépeuplées par une surcharge d'impôts (1). Pour éviter cet inconvénient, il prescrivit aux officiers des élections, chargés de répartir l'impôt entre les communes, de veiller à ce qu'elles ne soient chargées que proportionnellement à leur fortune respective. Le même raisonnement s'applique, avec la même autorité, aux élections d'une même province. Une élection ne peut payer plus que ce que peuvent payer l'ensemble des communes qui la composent, sous peine de la ruiner. Aussi Colbert recommande-t-il aux intendants, chargés de la répartition de la taille entre les élections d'une province, de le faire avec justice et en proportion de la fortune qu'elles possèdent (2). Une province enfin ne peut pas payer plus que ce que peuvent donner l'ensemble de ses élections. Colbert, en effet, fait remarquer que, si cette proportion entre l'impôt et la fortune de la province, vient à être dépassée, cette province se ruine et devient incapable en deux ou trois ans de supporter un impôt même inférieur (3). Pour empêcher ces complications, Colbert demandait chaque année a ses intendants un rapport sur les provinces qu'ils

(1) Let., inst. et mém., t. II, p. 5, p. 75 et 98.
(2) Let., inst. et mém., t. II, p. 134.
(3) Let., inst. et mém., t. VII, p. 235, 236.

administraient, afin de connaître la somme qu'il pouvait exiger de chacune d'elles. Il groupait ensuite tous ces renseignements, pour savoir qu'elle était la capacité du pays, au point de vue de l'impôt, car il ne pouvait évidemment payer plus d'impôts que ce que l'ensemble de ses provinces pouvait en supporter (1). Non seulement, Colbert chercha à obtenir le proportionnalité dans l'impôt entre chaque province, mais il voulut également établir, autant que possible, l'égalité qui en est une des conséquences. Or, il existait entre les provinces une grande inégalité, au point de vue des tailles, suivant qu'il s'agissait de provinces d'élections ou de provinces. d'États. Les premières seules étaient obligées de se soumettre à la volonté du roi, qui fixait arbitrairemènt le chiffre de cet impôt, les autres ne payaient à cet égard que ce qu'elle avaient consenti à verser. Or, il était presque impossible d'obtenir d'elles un consentement à une augmentation quelconque de cet impôt, et en fait, elles ne payaient qu'uue somme très inférieure à celle que ver-

---

(1) Let., inst. et mém., t. II, p. 1, p. 84. Let., inst. et mém., t. IV, n° 101. Agriculture. Aux intendants, 15 mai 1681. « Comme voici le temps que l'on commence à juger, si l'année sera abondante ou non et qu'il est important d'en rendre compte au roi, afin que sa Majesté puisse régler les impositions sur les peuples, il est nécessaire que vous me donniez avis tous les 15 jours dé l'opinion que les peuples auront de la récolte de toutes sortes de fruits » — Pour rendre cette répartition plus équitable, Colbert aurait vivement désiré la confection d'un cadastre général des propriétés foncières du royaume et même la transformation de la taille personnelle en taille réelle, NEYMARK, loc. cit., t. I, p. 89. Voir ce que FORBONNAIS, dit de la taille arbitraire. FORBONNAIS, loc. cit., t. I, p. 511, p. 316 et suiv.

saient les autres provinces (1). Malgré tout son désir et malgré l'hostilité qu'il manifestait en toutes circonstances aux
États de ces provinces, Colbert ne pouvait sans amener des
révoltes, supprimer ces privilèges. Il arriva cependant indirectement à obtenir l'égalité devant l'impôt, entre chaque
province, en exigeant des provinces d'État des dons gratuits
élevés (2) et en les frappant d'impôts indirects plus forts
qu'ailleurs.

Il procéda à peu près de la même façon, pour égaliser
entre les diverses parties du territoire l'impôt des gabelles. C'était un impôt de consommation très variable
suivant les provinces ; il y avait les pays de grandes et de
petites gabelles et les pays rédimés (3). Les mêmes obstacles s'opposaient, comme pour les tailles, à l'adoption d'un
taux d'impôt uniforme pour toutes les provinces. Il les
surmonta par les mêmes procédés, en imposant aux provinces d'États des taxes de nature différente, mais établissant une compension suffisante (4).

Mais, si bien reparti que l'on supposa l'impôt direct,
il était contraire aux principes de la proportionalité de
l'impôt voulus par Colbert. Tandis que, d'une part, en effet,

(1) Let., inst. et mém., t. IV, p. 11 et suiv. de l'introduct.,
p. 525. MORANT, intend. de Provence à Colbert, 7 novembre 1682.
(2) Let., inst. et mém., t. II, p. 1, n° 38, p. 84. « Lorsque le
roi accorde aux Etats des provinces la permission de s'assembler,
Sa Majesté résoult ce qu'elle veut leur demander, elle en fait faire
les instructions qui sont envoyées à ses commissaires et les états
accordent toujours ce qu'il plaît à sa Majesté de leur demander.
(3) STOURM, loc. cit., t. I, p. 303 et suiv.
(4) Let., inst. et mém., t. II, p. 1, p. 121.

il ne pouvait atteindre qu'une certaine partie de la fortune nationale, d'autre part il était trop élevé et écrasait les malheureux contribuables. C'est ainsi que l'impôt direct ne s'appliquait ni à la noblesse, ni au clergé, ni même à la plupart des membres de la haute bourgeoisie, c'est-à-dire en définitive, aux classes les plus riches de la société Par suite de son mode spécial d'assiette et de répartition, il ne pouvait atteindre la plupart des valeurs mobilières, qui, grâce au développement du commerce et de l'industrie, avaient pris une extension considérable et formaient une part importante de la fortune publique (1). Il avait encore un inconvénient plus grave encore, c'était d'être, par suite des besoins toujours croissants de l'État, une charge trop lourde pour les contribuables, qui ne pouvaient plus l'acquitter (2). Une réforme était donc urgente : il fallait trouver un moyen de faire contribuer aux charges publiques les classes privilégiées et les détenteurs de la fortune mobilière, afin de décharger les campagnes.

Colbert obtint ce résultat par le développement qu'il donna aux impôts indirects qui existaient alors, et qui grâce à lui jouèrent un des premiers rôles dans les finances de l'État (3).

(1) Stourm, loc. cit., t. I, p. 238.
(2) Let., inst et mém., t. VII, p. 237.
(3) Neymarck, loc. cit., p. 95 et suiv. Colbert du reste appréciait dans ce genre d'impôt leur facilité de perception qui les rendaient moins onéreux pour les contribuables. Forbonnais, loc. cit., t. II, p. 295. « Ayant diminué les tailles, Colbert fit porter les impôts sur la consommation qui répartit l'impôt plus doucement et plus également », p. 498. Année 1680. — Il ne négligea

Il les fit porter de préférence sur des produits de luxe consommés par les classes riches de la nation, comme le vin et la viande (1). Leur perception fut placée en général à l'entrée des villes et des provinces pour faire contribuer la bourgeoisie, qui les consommaient dans les villes, dans l'espoir d'atteindre de cette façon la richesse mobilière. Il entreprit ensuite la révision de tous les règlements qui concernaient les impôts indirects, et il en combina les droits, de façon à leur faire rendre le maximum sans entraver, ni la circulation, ni la consommation des denrées (2). Il dut pour cela opérer de nombreuses réductions (3). Il eut enfin l'ambition de rendre ces règlements uniformes dans toute la France, mais malgré quelques très utiles réformes, il ne put aboutir complètement dans son entreprise, car cette partie des impôts resta dans une grande confusion jusqu'à la fin de l'ancien régime (4).

Tout en opérant ces réformes, Colbert, fidèle à son principe, réduisit les tailles de 53 millions à 35 millions environ, soit de 17 millions de diminution en 20 ans. Il opéra

pas non plus de demander aux villes, au clergé, certaines contributions, sous formes de dons gratuits, d'affaires extraordinaires qui l'aidèrent à répartir l'impôt sur les classes riches de la société. — Voir NEYMARCK, loc. cit., p. 183, t. I, p. 177 et suiv. Let., inst. et mém., t. II, p. 1, p. 85 de l'introduction. — FORBONNAIS, loc. cit., t. I, p. 475.

(1) Let., inst. et mém. t. II, p. 100, de l'introduct.
(2) Ibid., t. II, p. 165, t. IV, p. 38, t. VII, p. 261, p. 282.
(3) FORBONNAIS, loc. cit., p. 287, t. II.
(4) STOURM, loc. cit., t. I, p. 326.

également des réductions très considérables sur les gabelles (1). Et il nous avoue lui-même, qu'il aurait voulu réduire dans une plus grande proportion ces impôts (2), si l'état des finances le lui eut permis. Ce fut du reste une tendance générale chez Colbert, de charger les villes au profit des campagnes (3). Nous verrons plus tard que dans sa politique économique, il poussa surtout au développement du commerce et de l'industrie, qui sont la source des impôts indirects et ont ordinairement leur siège dans les villes.

Mais qu'il s'agisse d'impôts directs ou d'impôts indirects, Colbert reconnaissait, par application de ses propres principes, qu'il y a une juste proposition à observer entre l'ensemble de l'impôt que l'on peut exiger de la nation, et la totalité de la fortune nationale elle-même. Le pays entier, évidemment, ne peut pas supporter plus d'impôt que ses habitants eux-mêmes, pris chacun individuellement, ne peuvent en supporter. « Il est constant, dit-il, qu'il y a toujours près de 150 milllions en argent monnayé qui roulent dans le royaume... Il se trouve toujours un rapport entre ces 150 millions et l'argent qui vient à Votre Majesté pour ses revenus, en sorte que si sur ce pied de 150 millions, les revenus montent à 50 millions par exemple, il doit-être

---

(1) Let., inst. et mém , t. II, p. 1, p. 127, t. VII, p. 239.
(2) Let., inst. et mém., t. VII, p. 253. FORBONNAIS, *loc. cit.*, t. I, p. 554 et suiv.
(3) FORBONNAIS, *loc. cit.*, p. 220. Année 1662, p. 316 et suiv. Année 1664.

certain que si l'on pouvait attirer dans le royaume 200 millions, les revenus augmenteraient à proportion ; si au contraire ces 150 millions diminuaient, ils diminueraient aussi ». Et plus loin, il ajoute : « le bien et le rétablissement des peuples consistent à proportionner ce qu'ils payent au trésor public, avec l'argent qui roule dans le commerce.... sinon les peuples succomberont... ». Et pour confirmer ce qu'il vient de dire, il ajoute : « anciennement sur 56 millions de tailles, on tirait 16 millions, aujourd'hui, sur 32 millions on en titre 24 (1). » Ce qui prouve qu'un impôt proportionné rend davantage qu'un impôt plus lourd, mais disproportionné.

Il ressort de tout cet exposé, que pour Colbert comme d'ailleurs pour beaucoup d'hommes d'État, la seule limite que rencontre l'État, en matière d'imposition, est la capacité du contribuable à supporter l'impôt (2).

En un mot, l'État, en cette matière, n'a à se préoccuper que de lui-même, et s'il ne doit pas exiger du contribuable plus qu'il ne possède, plus qu'il ne peut donner sans se ruiner, c'est que cette conduite compromettrait ses recettes futures. Il doit ménager le contribuable parce que le contribuable est la source de ses revenus.

(1) Let., inst. et mém., t. VII, nᵒ 15. Mémoire au roi sur les finances (1670) passim.
(2) *Ibid.*, p 234. « Les maximes des finances sont les suivantes : les revenus du roi consistent sans difficulté en une partie du bien et de l'argent comptant que les sujets amassent par leur travail, par les fruits qu'ils recueillent de la terre, et celuy que leur industrie leur procure. »

Colbert ne borna pas encore là l'application de ses principes. Il les fit servir de règle à la confection du budget de l'État. Il voulut qu'il existât une proportion, un équilibre entre les recettes et les dépenses de l'État. Sinon son œuvre était ruinée par la base et tout était perpétuellement remis en question (1). Il est facile, en effet, de comprendre que si l'État dépense habituellement plus que ses revenus, il finira par se ruiner et par entrainer la nation dans sa ruine. « Il faut dit-il réduire les dépenses au niveau des recettes, sinon... c'est l'abîme au bout des déficits. « Ce fut la grande préoccupation de Colbert d'assurer pendant son administration cet équilibre nécessaire entre les recettes et les dépenses. Il ne cesse, dans ses mémoires au roi, de lui rappeler cette nécessité : « Si le roi, dit-il, veut continuer à excéder chaque année les recettes de 4 ou 5 millions, c'est la ruine » (2).

Ces conseils si sages ne furent pas écoutés de Louis XIV, ni retenus par ses successeurs. Les conséquences furent également désastreuses pour tous. Nous savons, en effet, par Vauban, dans quel état de misère se trouva la France, à la

(1) Let., inst. et mém., t. VII, p. 233. C'est ce qui explique, du reste, l'horreur de Colbert par les emprunts, voir à ce sujet, let., inst. et mém., t. II, p. 1, p. 84 et suiv. de l'introduct. — NEYMARCK, loc. cit., t. I, p. 63 et suiv. — JOUBLEAU, loc. cit., p. 183 et suiv., p. 193 et suiv. — FORBONNAIS, loc. cit., p. 483 et suiv.

(2) Let., inst. et mém., t. VII, p. 246 et suiv.

fin du règne de Louis XIV (1), et il est certain d'autre part, qu'une des causes les moins contestées de la Révolution fut la situation embarassée des finances.

(1) DAIRE. Les économistes financiers au XVIIIe siècle. — VAUBAN, *passim*. — BORSGUILBERT, p. 173 et suiv.

CHAPITRE III

POLITIQUE DU COMMERCE EXTÉRIEUR

Sommaire. — Les impôts ne peuvent augmenter que par l'augmentation de l'argent dans le Royaume. — Cette augmentation ne peut être obtenue qu'en développant et en dirigeant dans un certain sens le commerce extérieur. — Exposition du système douanier connu sous le nom de « système protecteur ». — Application particulière que Colbert fait de ce système. — Colbert rêve d'accaparer le commerce du monde au profit de la France. — En quoi consiste ce commerce du monde ? Comment Colbert procède pour s'en emparer. — 1º Commerce avec les îles de l'Amérique ou Indes occidentales et exposition du « pacte colonial ». — 2º Commerce avec l'Espagne qui fait participer la France aux trésors du Nouveau-Monde. — 3º Commerce avec le Levant et politique de Colbert dans la Méditerrannée. — 4º Commerce avec les Indes par le cap de Bonne-Espérance et création de la Compagnie des Indes orientales. — 5º Commerce entre le Nord et le Midi de l'Europe. — 6º Commerce avec la France et sur les autres nations européennes et établissement d'une surtaxe le pavillon étranger. — 7º Organisation de la France en un vaste entrepôt où toutes les nations européennes pourraient venir commercer. — Concurrence de la Hollande et son écrasement militaire par Colbert. — Insuccès de Colbert tenant à un manque d'aptitude commerciale de la part de la nation et à la trop grande ingérence de l'État.

Colbert, en établissant que les revenus du roi consistent sans difficulté dans l'attribution d'une part proportionnelle du bien et de l'argent comptant de ses sujets, manifestait très clairement l'importance, qu'avait pour l'État, l'augmentation de l'argent dans le royaume. Si, en effet, les impôts qui sont toujours payables en argent, sont en fonction de la masse d'argent qui existe dans le pays, plus grande sera cette masse, plus élevé aussi sera le rendement des impôts (1). Toute la question consistait maintenant dans le choix des moyens pour multiplier l'argent dans le royaume. La réponse était simple : « il faut, dit Colbert, l'attirer du dehors et le conserver au dedans (2) ». Mais, à vrai dire la solution du problème n'était pas là, car ce qu'il fallait trouver, c'était justement le moyen d'attirer et de conserver cet argent. Il est trop évident, en effet, qu'un pays, qui ne possède pas de mines, ne saurait avoir de métaux précieux, qu'en les faisant venir de l'étranger.

La solution que donna Colbert à cette question, s'appuya donc, sur une organisation du commerce extérieure de la France. Cette organisation reposa à son tour sur une conception très particulière qu'il s'était faite de la nature de ce commerce et du rôle économique qu'il jouait dans l'Europe à cette époque (3).

Colbert considérait, en effet, que la masse d'argent existant dans le monde était une quantité qu'il fallait tenir

(1) Let., inst. et mém., t. VII, p. 237 ; p. 252. « Par là le roi attirerait de l'argent par le commerce, et non seulement rétablirait la proportion qui doit exister entre l'argent qu'il y a dans le commerce et les impôts, mais augmenterait l'un et l'autre et mettrait ses peuples à même de l'assister, même en cas de nécessité ».
(2) Let., inst. et mém., t. VII, p. 239.
(3) Let., inst. et mém., t. VI, p. 269; t. VII, p. 250 et 251.

pour constante, car elle ne s'augmentait que d'une façon insensible chaque année, et que le seul moyen pratique de l'accroître dans l'intérieur d'une nation était de développer, le commerce extérieur. « Il n'y a, dit-il, qu'une même quantité d'argent qui roule dans l'Europe et qui est augmentée de temps en temps par celui qui vient des Indes occidentales ; il est certain que pour augmenter les 150 millions qui roulent dans le public de 20, 30 et 50 millions, il faut bien qu'on le prenne aux États voisins..... et il n'y a que le commerce seul et tout ce qui en dépend, qui puisse produire ce grand effet (1). »

Mais comme, ainsi que nous l'avons vu dans notre introduction, le commerce est également une quantité constante (2), qui ne peut s'accroître dans une nation, qu'au détriment des autres, il en résulte logiquement, que l'organisation du commerce extérieure va se résoudre en une sorte de lutte, où chaque nation va s'ingénier à prendre à l'autre son argent en lui prenant son commerce. C'est ce que Colbert avait parfaitement compris : « Depuis, dit-il, que le roi a pris l'administration des finances, il a entrepris une guerre d'argent contre tous les États de l'Europe..... Il a formé des compagnies qui comme des armées les attaquent partout (3). » Il ajoute ensuite. « Le commerce est une guerre

(1) Let., inst. et mém., t. VII, p. 239.
(2) Let., inst. et mém., t. VI, p. 269. « Chaque nation travaille incessamment à en avoir sa part légitime ou à s'avantager l'une sur l'autre. »
(3) Let., inst. et mém., t. VII, p. 250.

perpétuelle et paisible d'esprit et d'industrie, entre toutes
les nations (1). »

De cette conception du commerce, naquit, pour Colbert,
toute l'organisation qu'il donna au commerce extérieur de la
France. Il l'établit, en effet, comme une conquête à faire,
avec un plan offensif et défensif, qui fut de conserver l'argent
français et d'accaparer celui des autres nations, avec une
direction, qui fut celle de l'État, avec une armée enfin, qui
se composa des Compagnies commerciales (2).

Le plan de campagne de Colbert peut se résumer tout
entier dans une théorie, qui lui est commune avec beaucoup
de mercantilistes et qui porte le nom de « système de la
balance du commerce » et dans l'application particulière
qu'il fit de cette théorie (3).

Tout le secret de ce système fameux consiste à acheter
peu aux autres nations et à leur vendre beaucoup. Voici, pour
cela, comment on raisonne : l'argent, dit-on, n'est pas seulement un instrument d'échange, il est avant tout un objet
d'échange et le plus précieux de tous ; or, tous les objets que
reçoit une nation dans son commerce avec les autres pays,

(1) Let., inst. et mém., t. VI, p. 269.
(2) Let., inst. et mém., t. VII, p. 239. « Il faut conserver et augmenter l'argent dans le royaume en l'attirant des pays où il vient
et en empêchant qu'il en sorte », p. 245. « Toutes ces choses
nouvelles sont encore dans l'enfance et ne peuvent être conduites
à leurs perfections qu'avec un travail et une application soute-
nues, et ne peuvent subsister même qu'avec l'abondance de
l'État ».
(3) MENGHOTTI. Loc. cit., chap. 11.

font équilibre à ceux qu'elle donne en échange, comme si ces deux quantités étaient placées dans les plateaux d'une balance. Une nation doit donc faire tout ses efforts pour avoir beaucoup d'argent dans les quantités reçues et peu au contraire dans les quantités livrées en échange. Si elle réussit, sa balance du commerce sera dite favorable ; défavorable dans le cas contraire. Pour atteindre à cela, elle devra, premièrement : se passer, autant que possible, pour sa consommation, de marchandises étrangères, ou, si elle ne le peut pas, aller les chercher elle-même au lieu d'origine et en échange de ses propres produits ; elle devra en deuxième lieu, vendre aux autres nations la plus grande quantité possible d'objets produits ou récoltés sur son territoire et même, si elle le peut, les marchandises qu'elle aura faites venir de l'étranger (1).

La réalisation de ce programme amena Colbert à organiser un système douanier très habile, destiné à favoriser les exportations, et à concevoir tout un plan de conquêtes commerciales pour assurer à la France le monopole du commerce du monde.

Le système douanier de Colbert fut une inovation en France (2). Avant lui, en effet, on ne connaissait guère que le système, connu sous le nom de système prohibitif, et dont l'origine remontait au xvi⁰ siecle (3). Il avait pour but d'em-

(1) INGRAM. *Loc. cit.*, p. 55. ESPINAS *Loc. cit.*, pp. 137 et 138.
(2) P. CLÉMENT. Histoire du système protecteur, chapitre premier.
(3) PIGEONNEAU. pp. 241 et suiv.; pp. 313 et suiv.

DE MAZAN

pêcher la sortie de l'argent par l'élévation des droits mis à
l'entrée des objets manufacturés et à la sortie des matières
premières. Il était tout naturel, en effet, que, pour empêcher l'argent de sortir du pays, on prohiba l'importation des
objets manufacturés ; mais il est facile de comprendre, comment dans le même but, on fut amené à proscrire l'exportation des matières premières : ces produits manufacturés, en
effet, étaient absolument nécessaires à la consommation
nationale, et on pensait, avec plus au moins de raison,
qu'en empêchant les Français de tirer parti des matières
premières, qu'ils produisaient, en les vendant à l'étranger,
on les obligerait à les mettre eux-mêmes en usage. On
espérait donc forcer ainsi l'industrie française à satisfaire
aux besoins de la consommation du pays. Malheureusement,
un pareil système devait aboutir en définitive à l'isolement
économique de la nation et à la suppression de tout commerce avec les pays étrangers (1).

Or, rien n'était plus contraire aux désirs de Colbert qu'un
pareil résultat, car, ce qu'il voulait avant tout, c'était l'augmentation du commerce extérieur qu'il jugeait indispensable pour augmenter en France l'or et l'argent qui s'y
trouvait (2). Aussi, procéda-t-il d'une toute autre façon que
ses prédécesseurs. En régle générale, il diminua tous les
anciens droits d'entrée et de sortie (3). Il nous explique du

(1) FORBONNAIS. *Loc. cit*., p. 275. Remontrances au roi des six
corps de marchands (1654), citées par l'auteur dans l'année 1661.
(2) Let., inst. et mém., t. II, part. 1, p. 263 de l'introduct.
p. 785.
(3) Let., inst. et mém., t. II, part. 2, p. 786. Appendice, n° 3.
Édit du roi de 1664.

reste lui-même, en peu de mots, en quoi consistait son programme. « Tout le commerce, dit-il, consiste à décharger les entrées des marchandises qui servent aux manufactures du dedans du royaume, charger celles qui entrent manufacturées, décharger entièrement les marchandises du dehors, qui, ayant payer l'entrée, sortent par le dehors, et soulager les droits de sortie des marchandises au dedans du royaume (1) ».

Le but de Colbert fut donc d'arriver à favoriser avant tout les exportations, car en définitive, s'il favorisait les importations de matières premières, c'était sans doute pour servir les intérêts des manufactures, mais aussi, parce qu'il espérait bien qu'une fois manufacturées, ces matières seraient réexportées (2).

Colbert aboutit ainsi à établir un système douanier très particulier, qui est à proprement parler le système protecteur. Nous verrons au chapitre suivant, quand nous traiterons des effets de la politique économique de Colbert sur l'industrie nationale, en quoi consiste véritablement ce système, appelé aussi quelquefois Colbertisme. Contentons-nous seulement de constater ici, qu'au point de vue du commerce extérieur, ce système est caractérisé par ce fait, que l'on cherche à élever les droits à l'importation, à la limite extrême où ils peuvent monter sans entraver les relations commerciales du pays avec les pays étrangers, et à baisser d'autre part les droits d'exportation à la limite ex-

(1) Let., inst. et mém.; t. VII, p. 264.
(2) Let., inst. et mém., t. II, part. 2, p. 595, n° 185.

trême où ils peuvent descendre sans compromettre les revenus du fisc. Pour opérer cette réforme, Colbert procéda avec ménagement et par degrés. Il commença tout d'abord, par l'établissement du tarif de 1664 où son programme était appliqué avec modération. « Le tarif de 1664, dit-il, a diminué les sorties des marchandises et manufactures du royaume et augmenté l'entrée des étrangères, mais avec modération en attendant que des manufactures se fondent (1).

En 1667, jugeant que le commerce était suffisamment rétabli et les manufactures françaises plus aptes à profiter de la protection, il augmenta sensiblement les droits mis à l'entrée des marchandises étrangères (2). Il considérait ce tarif comme essentiel à la prospérité de l'industrie française et regretta toujours d'avoir été obligé de l'abandonner à la suite de la guerre de Hollande (3). D'autre part, il travailla d'une façon constante à diminuer les droit de sortie des manufactures françaises. « Dans tous les pays étrangers il ne se lève, dit-il, que 1 1/2 0/0 au plus, pour tous les droits de sortie.., il faut réduire tous les droits en un seul (4) ». Il ne put malheureusement accomplir cette

(1) Let., inst. et mém., t. VII, p. 242.
(2) FORBONNAIS. Loc. cit., p. 399. « Le tarif de 1667 qui augmentait les droits d'entrée fut nécessaire, car Colbert avait beau employer les expédients les plus puissants pour animer notre industrie, la concurrence étrangère en ralentissait les progrès. Le nouveau tarif eut été notre palladium, si d'autres intérêts politiques n'eussent obligé depuis à le modérer. »
(3) P. CLÉMENT. Histoire de Colbert et son administration, t. I, pp. 259 et suiv.
(4) Let., inst. et mém., t. VII, p. 284.

réforme, il se heurta au mauvais vouloir des provinces et surtout à des nécessités budgétaires qui le paralysèrent.

Colbert usa encore de moyens plus énergiques pour favoriser les exportations. Dans bien des circonstances, en effet, il employa le système des primes à l'exportation (1).

En même temps, son régime douanier se fortifia de toutes les réformes qu'il entreprit pour amener le développement du commerce intérieur et extérieur de la France, tels que la création des entrepôts et des ports francs.

Mais, l'œuvre la plus originale de Colbert dans sa politique du commerce extérieur est assurément la façon, dont il organisa la conquête commerciale du monde par le commerce français, sous la direction de l'État lui-même. Sous prétexte en effet que le « commerce était contraire au génie même de la race.., car ni l'État ni les particuliers n'avaient jamais tentés de le faire » (2) il se mit à la tête de l'entreprise.

Ce fut lui qui traça le but à atteindre et la ligne de conduite à suivre pour y parvenir ; ce fut lui qui fonda les sociétés commerciales destinées à seconder ses projets, leur fournit des capitaux et des directeurs, leur donna des règlements et les surveilla très attentivement ; ce fut lui enfin, qui coordonna leurs efforts de manière à monopoliser le commerce de toutes les marchandises qui se vendaient ou s'achetaient en Europe.

Le commerce extérieur de l'Europe se divisait, à cette

(1) Voir notamment let., inst. et mém., t. II, p. 800.
(2) Let., inst. et mém., t. VII, p. 240.

époque, en deux parties bien distinctes consistant à échanger, la première, les divers produits européens les uns avec les autres, et la seconde les marchandises d'Europe contre les marchandises fournies par les autres parties du monde et notamment l'Inde et l'Amérique.

Le plus important de ces deux commerces, aux yeux des hommes d'État d'alors, était assurément celui que l'Europe faisait avec l'Inde et l'Amérique, les deux Indes, comme l'on disait. Cette importance venait du besoin que l'on avait, depuis le xvie siècle, des denrées exotiques et du haut prix qu'elles atteignaient (1). Chaque nation ambitionnait le monopole de ce commerce, qui semblait promettre des richesses inépuisables. Mais, l'exemple du Portugal et de l'Espagne n'avait pas tardé à montrer par la ruine de ces deux pays, possesseurs cependant de la plus grande partie du commerce extra-européen, que la possession du commerce européen était la condition nécessaire pour profiter du premier (2). Non seulement ce dernier commerce, en effet, permettait seul à une nation d'exporter certains de ses produits et d'importer en même temps des denrées nécessaires à son existence, mais, seul encore, il ouvrait des débouchés pour le placement des denrées exotiques. A son défaut, on était à la merci des intermédiaires européens qui absorbaient la plus grande partie du profit.

C'est à ce rôle d'intermédiaire que la Hollande avait dû de s'enrichir au détriment du Portugal et de l'Espagne,

(1) PIGEONNEAU. *Loc. cit.*, t. II, pp. 239 et suiv.
(2) Let., inst. et mém., t. VI, p. 263.

qu'elle finit même par déposséder d'une partie de leur ancien commerce (1).

Toute la politique commerciale devait donc consister en ces deux points : 1° A s'emparer directement ou indirectement de la plus grande partie possible du commerce des deux Indes, et à ne payer les marchandises de ses contrées qu'en produits nationaux ; 2° à se procurer au meilleur marché possible les marchandises européennes nécessaires à la consommation du pays, et à se créer ensuite dans ces mêmes pays d'Europe des débouchés importants pour la production nationale et le surplus de ce qu'apporterait le commerce des deux Indes.

Tel fut le plan, que Colbert, inspiré par l'exemple de la Hollande, traça à l'activité du commerce français, et qu'il chercha par tous les moyens possibles à lui faire réaliser.

Dans cette pensée, il divisa le commerce du monde en sept branches, qu'il tendit simultanément à accaparer, par des moyens appropriés, pour arriver au monopole du commerce universel. Voici selon lui, comment se répartit ce commerce. « Le commerce par mer consiste en cinq principales parties. La première consiste au transport des denrées et marchandises de port en port et de l'une des provinces du royaume en une autre du même pays. La seconde consiste

(1) Let., inst. et mém., t. VI, p. 263. « Enfin les Hollandais par le bon ordre, la parcimonie et leur grande application, l'ont attiré dans la ville d'Amsterdam et dans les autres villes de la Hollande... Non seulement, ils ont fait de leur pays l'entrepôt de l'Europe surtout pour le Nord, mais ils ont voulu prendre les marchandises dans leur source, et ils ont ruiné les Portugais aux Indes orientales et troublé les Anglais. »

au transport des marchandises et denrées des États voisins
qui sont nécessaires pour la consommation du même pays.
La troisième consiste au transport de toutes les manufactures
de l'Europe nécessaires pour le Levant et l'apport de
toutes les marchandises nécessaires aux manufactures et
à la consommation de toute l'Europe qui croissent dans
le Levant ; et ce commerce se fait par deux grandes voies
et cause presque toute la richesse et toute l'abondance
universelle du commerce. Ces deux voies sont les Échelles
du Levant par la Méditerranée et les Grandes Indes par
l'Océan, en doublant le Cap de Bonne-Espérance. La quatrième est celuy des Indes occidentales qui se fait encore
par deux grandes voyes, l'une, en portant aux Espagnols
à la barre de Cadix toutes les marchandises nécessaires à
la consommation de ces vastes contrées, lesquelles marchandises apportent pour tout retour l'argent des mêmes
Indes, et l'autre en portant aux îles habitées par les autres
nations de l'Europe, les mêmes marchandises et denrées et
rapportant les sucres, tabacs et indigos qui y croissent. La
cinquième consiste à porter dans le Nord toutes les mêmes
denrées et marchandises qui croissent où sont des manufacturées des États et royaumes d'Europe et qui viennent
des deux Indes et en rapporter pareillement toutes celles
qui y croissent et qui sont nécessaires à la navigation (1). »
Tout cela constitue bien sept formes de commerce bien

(1) Let., inst. et mém., t. VI, p. 260, n° 33. Dissertation sur la
question : quelle des deux alliances, de France ou de Hollande,
peut être plus avantageuse à l'Angleterre (mars 1669).

distinctes : 1re le commerce des îles d'Amérique ; 2e le commerce espagnol ; 3e le commerce des Indes 4e le commerce du Levant ; 5e le commerce du Nord , 6e le commerce de la France avec les autres pays d'Europe ; 7e le commerce d'un port français à un autre port français

Chacun de ces commerces fut organisé par Colbert d'une manière spéciale, mais de façon cependant à ce que tous concourent à un même résultat, qui était de faire de la France l'entrepôt de toutes les marchandises qui se consommaient dans le monde.

Cette conception particulière du commerce extérieur, amena Colbert à en faire une des attributions principales de l'État, et à transformer chacune des grandes compagnies qu'il préposa à la conduite d'une branche spéciale de ce commerce, en autant de ministères organisés, réglementés comme une des grandes administrations de l'État (1). C'est ce qu'il nous sera facile de démontrer en passant en revue les différents commerces que nous venons d'énumérer.

Le commerce le plus intéressant, peut-être, était le commerce qui se faisait aux îles d'Amérique, car il donna naissance à une des manifestations les plus caractéristiques du mercantilisme, qui est « le pacte colonial. »

On appelle de ce nom, l'exploitation méthodique et raisonnée des colonies par le commerce.

Les colonies étaient, pour les pays européens qui les possédaient, des espèces de propriétés, qu'ils considéraient

(1) Voir comme type de ce genre d'organisation la Compagnie des Indes orientales. BONNASSIEUX. Les grandes Compagnies de commerce, pp. 261 et suiv.

comme une source de revenus, au même titre qu'un simple
particulier considère une métairie qui lui appartient.
C'étaient, si l'on peut ainsi s'exprimer, des pays esclaves. Le
rôle essentiel des colonies était, en effet, d'alimenter par
leurs productions, la consommation et le commerce de la
mère-patrie, et de recevoir, en échange, ce que la métropole voudrait bien leur envoyer d'objets manufacturés et de
denrées nationales (1). Les colonies devaient donc enrichir le
pays qui les possédaient, non seulement, en lui économisant
les sommes qu'il aurait dépensé pour l'acquisition des denrées exotiques, mais encore, en lui permettant d'en vendre
aux nations voisines, au meilleur marché possible pour
détruire toute concurrence (2). Colbert, dans ce but, tenait
à transformer ces pays en une sorte d'usine à sucre, car le
sucre (3) était la denrée la plus demandée sur les marchés
européens. Il encouragea sa culture par des primes données
à son importation en France (4), et par la multiplication de
la main-d'œuvre dans les colonies. Pour cela, il favorisa, de
toutes les manières, la traite des nègres et même l'immigra-
tion des Français dans les îles (5). Mais, il voulait avant tout,

(1) P. ROUGIER. La liberté commerciale, pp. 114 et suiv.
P. LEROY-BEAULIEU. La colonisation chez les peuples modernes,
pp. 185 et suiv.
(2) Let., inst. et mém. t. II, p. 2, p. 647, à Landais directeur
de la Compagnie des Indes occidentales, 19 février 1672.
(3) Let., inst. et mém., t. III, partie 2, p. 75 de l'introduction
de P. Clément, t. II, p. 2, p. 600, n° 189. à M. Brunet directeur
de la Compagnie des Indes occidentales, 23 janvier 1671.
(4) Let., inst. et mém., t. II, p. 2, p. 480. à Colbert du Terron
intend. à Rochefort.
(5) Let., inst. et mém., t. III, part. 2, n° 28 à M. de Baas gouverneur des Antilles, 9 avril 1670.

avoir le sucre à bon marché, et c'est ainsi qu'il fut conduit à organiser dans les îles un système d'échanges qui restera le dernier mot du mercantilisme. Après avoir proscrit toute relation des îles avec les nations étrangères, et obligé la Compagnie concessionnaire du commerce des îles, à ne transporter que des produits français, il déclara que les échanges devraient se faire en nature, sans intervention aucune de monnaie.

Ces échanges devaient s'opérer dans les magasins généraux que la Compagnie devait avoir dans les îles, et suivant le tarif que Colbert avait joint aux règlements imposés aux concessionnaires (1). Comme il fallait s'y attendre, l'effet produit par ces mesures fut désastreux pour les îles, et Colbert dut les abandonner après quelque temps d'expérience, pour revenir à des procédés moins tyranniques ; mais ces procédés démontrent trop la façon, dont Colbert entendait l'exploitation des colonies, pour être passé sous silence. Au reste, l'organisation de la Compagnie des Indes occidentales, montra péremptoirement que dans la possession des colonies Colbert avait envisagé surtout les avantages commerciaux qui y étaient attachés. Colbert, en effet, avait conféré à cette Compagnie la souveraineté des colonies avec le pouvoir de les administrer et de les gouverner. Or, comme cette Compagnie était une Compagnie commerciale qui ne pouvait poursuivre qu'un but commercial et que d'autre part elle était placée sous le contrôle de l'État, qui intervenait

(1) Let., inst. et mém., t. III, n° 26 Mémoire pour les directeurs de la Compagnie des Indes occidentales envoyés en Amérique, 26 février 1670.

constamment dans son fonctionnement, il devenait évident qu'elle était l'intermédiaire entre la métropole et les colonies et qu'elle n'avait été choisie pour jouer ce rôle que parce qu'elle servait à l'exploitation de ces pays au profit de l'État (1).

Parallèlement aux efforts qu'il faisait pour avoir beaucoup de sucre et à bon marché de ces colonies, Colbert prescrivait à ses agents une politique d'hostilités, à l'égard des autres puissances établies dans les îles d'Amérique, pour décourager la coucurrence qu'elles faisaient à la France (2).

Il voulait visiblement arriver à monopoliser ce commerce, soit par l'abondance et le bon marché des productions françaises, soit par les intrigues politiques et la puissance militaire de la France.

Nous venons d'examiner le pacte colonial et les grandes compagnies de colonisation et de commerce fondées par Colbert, au seul point de vue de l'extension du commerce extérieur rêvée par ce ministre. Il faut maintenant ajouter, pour être complet, qu'à cette époque ces grandes compagnies ont été une nécessité pour tous les pays d'Europe, qui ont voulu coloniser et fonder un commerce extérieur prospère, et que de plus elles ont singulièrement développé dans ces mêmes pays l'esprit commercial et colonisateur.

(1) Let., inst. et mém., t. III, part. 2, pp. 68 et suiv. de l'introduct. BONNASSIEUX. *Loc. cit.*, pp. 369 et suiv.
(2) Let , inst. et mém., t. III, part. 2, pp. 59 et suiv. de l'introduct., p. 455, à M. de Baas, 13 juin 69, n° 31 à M. Pelissier directeur de la Compagnie des Indes occidentales, p. 636, au comte d'Estré, vice-amiral 13 juin 1678.

Le commerce avec les colonies était, en effet, à cette époque,une entreprise difficile, exigeant des encouragements particuliers. On ne croyait pas alors, et avec raison, que de simples particuliers puissent fournir la mise de fonds, pour subvenir aux frais de premier établissements nécessaires, entretenir des forces militaires suffisantes contre les indigènes, supporter les nombreux risques de perte, la lenteur des retours, suppléer à l'état d'enfance du commerce, à la rareté des capitaux, à la faiblesse du crédit, à l'absence de courtier et de commission, à l'ignorance des besoins ou des ressources de chaque pays, au manque de protection nationale.

Les compagnies de commerce eurent en France notamment l'avantage de nous permetre d'échapper au monopole commercial de la Hollande et de l'Espagne pour les denrées exotiques. Elles contribuèrent encore à donner une vigoureuse impulsion à la marine marchande par la grande quantité de navires qu'elles furent obligés de tenir constamment sur mer.

Mais le plus grand mérite de ces Compagnies est assurément celui d'avoir contribué dans une très grande mesure à la fondation des diverses colonies européennes.

D'une façon générale, en effet, on peut dire que ce sont les compagnies de commerce d'Angleterre, de Hollande et de France qui ont donné à ces pays leurs colonies, sinon toutes, au moins la plus grande partie. C'est ainsi que fut fondé l'empire hollandais de Bornéo et de Sumatra. l'empire Britannique aux Indes et au xviiie siècle nos immenses possessions dans le même pays sous l'administration de Dupleix.

Les colonies ne pouvaient guère à cette époque se former autrement. Au xvi⁰ et xvii⁰ siècle, en effet, les États ne pouvaient entreprendre à leurs frais la colonisation des terres lointaines. Les compagnies de commerce furent l'instrument au moyen duquel ils se procurèrent, sans exposer leurs marines ou leurs fonds, de nombreuses colonies : instrument aussi économiques qu'efficace car les colonies ainsi fondées par l'esprit commercial ont le plus grand des avantages : celui de se faire toutes seules. C'est un développement spontané dans lequel l'État n'intervient que pour le régler et le protéger. « En résumé, dit un auteur, les grandes compagnies de colonisation et de navigation des siècles derniers ont rendu de grands services ; elles ont pu ruiner leurs actionnaires, mais elles n'en ont pas moins accompli l'œuvre féconde qu'elles avaient eu vue de créer, elles ont fondé dans les Indes et en Amérique une agriculture, des industries, un commerce qui n'existaient pas auparavant (1) ».

Il semble du reste que l'on veuille revenir aujourd'hui à ces vieux procédés de colonisations, qui furent si violemment critiqués par les économistes de l'école classique. C'est ainsi notamment qu'on a procédé en Angleterre, quand on a créé certaines compagnies à charte, comme la Rhodesia, par exemple, chargée de coloniser et d'exploiter une partie déterminée de l'Afrique.

(1) Voir BONNASSIEUX. *Loc. cit.*, pp. 478 et suiv., pp. 510 et suiv.

A côté du commerce des îles, qui assurait directement aux États possesseurs de colonies une part importante dans le trafic des denrées exotiques de l'Amérique, il y avait le commerce avec l'Espagne, qui indirectement faisait participer toutes les nations européennes au partage des richesses métalliques du Nouveau-Monde. L'Espagne en effet, qui possédait les mines d'or et d'argent du Mexique et du Pérou, était si mal administrée au point de vue économique, et ses habitants étaient si fainéants, qn'en retour des métaux précieux qu'elle recevait de ses colonies, elle devait leur envoyer les objets manufacturés et les denrées des autres pays (1). Toute l'Europe travaillait ainsi pour l'Espagne qui, en échange, lui donnait la plus grande partie de ses trésors. Ce commerce se faisait à la barre de Cadix, au départ et à l'arrivée des galions d'Espagne. A leur départ, les commerçants étrangers venaient apporter les produits de leur industrie, et au retour, ils venaient chercher l'or et l'argent qui servaient à les payer. Colbert nous révèle qu'à ces deux époques, il régnait dans le commerce et l'industrie de tous les pays une activité inaccoutumée (2).

(1) Ad. SMITH, Loc. cit., t. II, pp. 186 et suiv., p. 239. Let., inst. et mém., — t. II, appendice n°6. Rapport du marquis de Villars sur le commerce français en Espagne.— t. VII, p. 232. « La fainéantise des Espagnols causée par leurs richesses et l'industrie des Français, travaille à l'envie depuis plus de 100 ans à nous donner quelque part dans les richesses des Indes », — t. VI, p. 263 ; « les Castillans par leurs richesses ont donné matière à l'industrie de tous les négociants pour en avoir quelque partie ».

(2) Let., inst. et mém., t II, p. 525, à M. de Bouzy, ambassadeur à Madrid.

Colbert attribuait à ce commerce une très grande importance et revenait fréquemment dans sa correspondance sur la nécessité qu'il y avait pour la France à s'en réserver la meilleure part (1). Dans cette intention, il recommandait aux industriels, surtout aux fabricants de tissus de fabriquer beaucoup, bon et à bon marché pour vendre aux Espagnols (2). Il engageait en même temps les commerçants français à se rendre en masse en Espagne, « où, dit-il, il leur fera trouver protection (2). »

Cette assurance n'était pas superflue, car les Espagnols vexaient et molestaient les Français résidant chez eux, de toutes les façons (3). Ces mauvais traitements étaient d'autant plus sensibles à Colbert, qu'il y voyait l'obstacle le plus sérieux au développement du commerce français avec l'Espagne. Il pensait, en effet, que notre voisinage, notre situation d'intermédiaire naturel entre le Nord et les nations du Midi, le caractère industrieux et travailleur de nos populations, nous appelaient tout naturellement à monopoliser, petit à petit, la plus grande partie du commerce de l'Europe avec l'Espagne, pourvu que nous ne fussions pas maltraités arbitrairement par les Espagnols, au profit des autres nations (4). C'est pourquoi il prescrivit aux ambassadeurs

(1) Let., inst. et mém., t. VII, p. 230. « On ne saurait trop exagérer l'importance de ces trois commerces (avec l'Espagne), puisque l'abondance de l'État, la nécessité des autres et par conséquent toute la fortune de l'État en dépendent. »
(2) Let., inst. et mém., t. II, p. 178 et suiv. de l'introduct.
(3) FORBONNAIS, loc. cit., p. 275. Remontrances au roi des 6 corps de marchands.
(4) Let., inst et mém., t. II, p. 699, n⁰ 295, Instructions au

francais de veiller à la sécurité du commerce et des personnes de nos nationaux en Espagne. Les ambassadeurs durent encore, sur son ordre, exiger que les Français fussent aussi bien traités que les autres étrangers. Ils demandèrent même pour les Français résidant en Espagne le même traitement que recevaient les Espagnols en France. Pour appuyer ces réclamations et ces demandes, il envoya fréquemment les flottes françaises croiser devant les ports espagnols, notamment devant Cadix, à l'époque du retour des galions (1). Il prétendit même pour mieux arriver à dominer le mau-- vais vouloir de l'Espagne, fermer avec ses flottes l'entrée du canal de Gibraltar (2). Toutefois, Colbert préférait l'emploi des moyens pacifiques qu'il considérait comme plus favorables au maintien et au développement du commerce. C'est ainsi qu'il demanda au roi, à ce que, sous prétexte de politique, on ne vexa pas inutilement les Espagnols. Il pensait que l'interruption de notre commerce avec eux, nous serait surtout funeste à nous-mêmes, car nous ne pouvions nous passer de leurs envois, et eux, au contraire, pouvaient se passer de nos produits : « Ce serait dit-il, s'exposer à leur faire une égratignure pour recevoir un

marquis de VILLARS, ambassad. à Madrid, 15 may 1679. «... Mais les français par la fertilité de leurs terres, qui leur donnent beaucoup de matières premières et leur industrie qui leur donne de bonnes manufactures, l'emporteront toujours s'ils sont sur le pied des autres nations ».

(1) *Id.*; voir également, nº 114, *loc. cit.*, à M. de BONZI, 11 juillet 1670, p. 420, à l'ambassadeur de France, en Espagne, 20 juillet 1663.

(2) Let., inst. et mém., t. II, p. 2, p. 267, nº 233.

DE MAZAN

coup d'épée (1).» Il créa, au contraire, pour faciliter ce commerce, un port franc à Bayonne (2).

Le troisième commerce qui fit l'objet des préoccupations de Colbert fut le commerce avec le Levant. Il rêva d'en faire un véritable monopole pour la France, tant à raison des circonstances historiques qui avaient permis à notre pays d'entrer le premier en relations commerciales officielles avec la Turquie, qu'à raison de l'excellente situation géographique de notre territoire qui nous rendait les intermédiaires naturels, au point de vue du commerce, entre le Levant et les pays du Nord de l'Europe et nous permettait, en outre, de dominer par nos flottes toute la Méditerranée. Ce commerce était du reste très important, car il était un de ceux qui mettaient l'Europe en communication avec les Indes Orientales dont les richesses étaient proverbiales (3).

Colbert alla tout d'abord droit au but en sollicitant de la Turquie un monopole absolu au profit des commerçants français, pour le transport de toutes les marchandises des Indes, qui passeraient par la mer Rouge et l'Égypte (4). La

(1) Let., inst. et mém., t. VII, p. 231,
(2) P. ROUGIER, loc. cit., p. 147.
(3) Let., inst. et mém., t. II, p. 2. Appendice, no 10. Instructions au sieur de MOINTEL, ambassadeur du commerce à Constantinople, 12 juin 1670, t. VI, p. 244, t. II, p. 1, p. 258 de l'introduction, discours sur les manufactures royales (1663).
(4) Let., inst et mém., t. II, p. 846. « L'envoyé devra remarquer au Vizir que les Portugais ayant ruiné le commerce maritime de la mer Rouge, il pourait être rétabli si on accordait aux français et à la compagnie des Indes un monopole : cela enrichirait la Turquie ».

possession de cette branche importante du commerce de l'Europe avec l'Inde aurait acheminé la France vers la possession de ce commerce tout entier. L'idée de s'emparer de la route commerciale des Indes qui passe par l'Égypte, était paraît-il, si naturelle à cette époque à un homme d'État français que Leibnitz conseilla à Louis XIV de s'emparer de l'Égypte qu'il considérait, comme la clef du commerce de l'Orient. Savary, qui connût ces projets, recommanda l'exécution du canal de Suez, dont il calculait les difficultés sans en être effrayé (1). Aucun de ces projets n'aboutit. Colbert chercha alors à se faire concéder par le gouvernement turc des avantages commerciaux supérieurs à ceux qu'avaient obtenus les autres nations, mais malgré tous les efforts de nos ambassadeurs il n'obtint guère que d'être mis sur un pied d'égalité avec les autres puissances (2).

Cessant dorénavant de s'adresser à la Turquie, Colbert travailla à conquérir pour la France le monopole du commerce avec le Levant, en faisant en quelque sorte de la Méditérranée une mer française où il put en quelque façon commander en maître (3). Dans cette intention, il s'appliqua à maintenir dans cette mer des escadres formidables pour l'époque.

L'objectif de Colbert était d'abord de nettoyer la Méditer--

(1) Let., inst. et mém., t. VI, p. 25 de l'introduction de P. CLÉMENT.
(2) Let., inst. et mém., t. II, p. 173 de l'introduct.
(3) Let., inst. et mém., t. II, p. 1, p. 50, t. III, part. 1re introduction.

ranée des pirates barbaresques qui l'infestaient et paralysaient l'essor du commerce français et surtout de surveiller
le détroit de Gilbraltar, et même de le fermer au besoin,
pour mettre des obstacles au commerce des autres nations
avec le Levant et en particulier au commerce hollandais, le
plus important de tous (1)

Parallèlement à l'emploi de ces moyens diplomatiques et
militaires, Colbert intervint directement dans le commerce
de la France avec le Levant pour le réorganiser. Et quelle
que soit l'opinion que l'on ait sur l'intervention de l'État en
matière commerciale, il faut reconnaître que jamais elle ne
fut aussi justifiée qu'en cette occasion.

Ce commerce se faisait à cette époque dans certains ports
turcs appelés Échelles, où les commerçants, formés en une
sorte de corporations, communiquaient avec les pouvoirs
locaux au moyen de leurs consuls. Or, par suite des troubles
qu'avait éprouvés, le commerce national et en particulier le
commerce marseillais, joints à la mauvaise foi des commerçants français, qui se servaient de marchandises de mauvaise
qualité et même de fausse monnaie, ces communautés mar-
chaient vers la ruine. Elles étaient de plus en butte aux
exactions des pachas, qui sous le moindre prétexte et avec la
connivence des consuls, exigeaient d'énormes amendes (2).
Ainsi, non seulement le commerce français était en déca-

(1) Let., inst. et mém., t. II, p. 1, p. 52 et suiv., part. 2, p. 267,
part. 1, p. 257 de l'introduct. Discours sur les manufactures du
roi, 1663, part. 2, p. 659.
(2) Lett., inst. et mém., t. VII, p. 286. Etat du commerce du
Levant contenant les raisons du mauvais état auquel il est réduit
et des remèdes que l'on pourrait y apporter.

dence, mais les communautés étaient a ccablées de dettes, ce qui empêchait pour l'avenir le relèvement des affaires (1).

Une fois instruit de cet état de choses, Colbert fit procéder, par des agents spéciaux, à la liquidation des dettes des communautés, força les consuls à résider et à mettre plus d'honnêteté dans l'exercice de leurs fonctions et enfin par une intervention diplomatique près du gouvernement turc, mît un terme aux exactions des pachas (2). Il proscrivit, en même temps avec la plus grande sévérité, l'usage où l'on était de se servir de fausse monnaie et de mauvaise marchandise, rien selon lui n'étant plus capable de déconsidérer et de ruiner le commerce français au Levant (3).

Mais ces réformes ne furent pour ainsi dire que la préparation à une entreprise plus sérieuse. Pour fonder la prééminence du commerce français, Colbert conçut la pensée de créer sur les côtes de la Méditerranée, une sorte de métropole commerciale qui absorba tout le commerce européen de cette partie du monde. Marseille était tout désigné pour remplir ce rôle. C'est aussi le port qui choisit le ministre (4). Il commença tout d'abord par faire liquider toutes

(1) FORBONNAIS, *loc. cit.*, p. 428 et suiv. « Le commerce du Levant que la nature avait semblé réserver exclusivement à la France était devenu la proie des autres nations, leur industrie avait arraché sans peine de nos mains un bien dont nous ne savions pas user. M. Colbert en fut moins le restaurateur que le créateur ».

(2) Lett., inst. et mém., t. II, part. 2, p. 517 et 518.

(3) Let., inst. et mém., t. VII, p. 91 et 92. P. CLÉMENT, *loc. cit.*, t. I, p. 316.

(4) Let., inst. et mém., t. II, part. 1, p. 171 de l'introduction part. 2, p. 267. — N⁰ 266, à M. ROUILLÉ, intendant à Aix, 13 janvier 1673. — N⁰ 297.

les dettes qui accablaient cette ville, et qui, par l'énormité des taxes qu'on était obligé de lever pour les acquitter, empêchaient non seulement les étrangers d'y aborder, mais encore paralysaient le commerce marseillais lui-même (1), Pour favoriser ensuite directement l'accroissement du commerce, il fit de la ville elle même un port franc. Et pour engager les commerçants étrangers à y venir, il accorda à tous ceux qui viendraient s'y établir des faveurs spéciales concernant leur commerce. Il espérait détourner ainsi au profit de Marseille le courant commercial des villes italiennes, augmenter le nombre des commerçants et la quantité des capitaux employés dans le commerce (2).

Après avoir placé ainsi le commerce de la France avec le Levant dans des conditions où il put se développer facilement, Colbert le réglementa directement en interdisant aux commerçants Marseillais de transporter de la monnaie française au Levant. Il considérait, en effet, que ces envois d'argent, étaient pour le pays une cause de pertes continuelles, et il voulait qu'on y substitua progressivement des envois d'objets manufacturés (3). Il fonda ensuite une

(1) Forbonnais, loc. cit., p. 431 et suiv. — P. Rougier, loc.cit. p. 146.
(2) Let., inst. et mém., t. II, p. 1. p. 171 de l'introduct. — Let., inst. et mém , t. II, p. 3, p. 796. Édit sur la franchise du port de Marseille, mars 1669.
(3) Let., inst. et mém., t. VII, p. 91. « La source de tous les abus qui se commettent dans les monnayes vient de Marseille... car les marchands trouvent plus de facilités d'envoyer de l'argent au Levant pour leur commerce... Comme ce commerce consomme

Compagnie commerciale spéciale pour exploiter ce commerce. Il l'appela Compagnie du Levant. Elle fut composée de négociants de Paris, de Lyon, de Marseille (1), et fut comme toutes les Compagnies qu'il fonda, comblée de privilèges de toutes espèces. Elle fut en revanche astreinte à un certain nombre d'obligations qui avaient pour but de favoriser l'intervention et la surveillance de l'État dans ce commerce (2).

Il est juste cependant de dire que la formation de ces compagnies commerciales privilégiées n'avait pas seulement pour Colbert le mérite de permettre l'exercice de la police du commerce par l'État, police considérée alors comme un droit inhérent à la puissauce souveraine, mais avait surtout le grand avantage de permettre la réunion de capitaux assez puissants, pour pouvoir tenter un commerce sérieux. Il ne faut pas oublier, en effet, qu'à cette époque, le commerce extérieur offrait de grands risques, qui ne pouvaient guère être affrontés que par une compagnie puissante. L'existence de ces risques rendaient par contre-coup les capitaux très timides et il ne fallait rien moins pour les engager dans le commerce maritime que l'existence d'une compagnie offrant toutes les garanties de sécurité désirables (3). Colbert au reste, non content de donner à cette

de très grandes sommes, il est certain que c'est l'endroit du royaume par où s'écoule, dans tous les pays étrangers, une bonne partie de l'argent ».
(1) Let., inst. et mém., p. 431, nº 30.
(2) BONNASSIEUX, loc. cit., p. 176 et 177.
(3) BONNASSIEUX, loc. cit , p. 519 et suiv.

Compagnie du Levant des privilèges très considérables (1)
avait dans une très large mesure contribué à sa formation,
en lui cherchant partout des capitalistes et des commerçants
qui voulussent bien y entrer. Cette Compagnie une fois
constituée et réglementée, Colbert se préoccupa de lui trouver des débouchés, non seulement en France mais à l'étranger (2). S'inspirant pour cela de cette idée, que la France
était l'intermédiaire naturelle entre le Nord et le Midi, entre
l'Océan et la Méditerranée, il s'attacha à développer les
voies de communications entre le nord et le midi de la
France et entre les deux mers (3). Nous reviendrons, du
reste, tout à l'heure sur cette idée en traitant du canal de
Languedoc et du projet de canal entre Marseille et le
Rhône.

Le quatrième commerce dont Colbert eut à s'occuper fut
le commerce des Indes Orientales ou Indes proprement
dites. Ce fut peut être le commerce qui exigea de lui les plus
grands efforts pour le constituer, et qui lui donna aussi les
déceptions les plus cruelles. L'entreprise était tentante,
c'est en effet à ce commerce que l'Angleterre et la Hollande surtout devaient ces richesses qu'enviait Col-

(1) Let., inst. et mém., t. II, p. 2. Appendice n⁰ 5, p. 796.
Colbert tenta de créer en faveur de commerce du Levant, une
sorte d'acte de navigation au profit du commerce maritime français. Les marchandises du Levant, en effet, venant d'ailleurs que
du Levant ou sur vaisseaux étrangers, furent astreints à payer
20 0/0 de leur valeur.
(2) Let., inst. et mém., t. IV, p. 413 ; t. VI, p. 244. Mémoire
sur la guerre entre l'Angleterre et la Hollande (1665).
(3) Let., inst. et mém., t. IV, p. 565.

bert (1) : « Les marchandises de ces pays, dit-il, font la richesse et la puissance des nations qui y ont porté leur commerce » (2). Ce commerce s'adressait, en effet, à des pays très riches, car il comprenait indépendamment du commerce de ce que nous appelons aujourd'hui les Indes, le commerce de la Chine, celui du Japon et enfin le plus important peut être de tous, le commerce des épices qui se faisait surtout dans les îles de la Sonde appartenant aux Hollandais.

Pour avoir part et peut-être accaparer au profit de la France un commerce si précieux, Colbert employa toutes les ressources de sa puissance. Ses efforts se concentrèrent dans la fondation d'une Compagnie commerciale, qui ne fut en quelque sorte que l'instrument de ses projets de conquête commerciale. Le capital de cette Compagnie des Indes orientales fut porté à 10 millions, somme énorme pour l'époque. L'État en fournit une partie, un tiers environ ; quant au reste Colbert l'arracha bon gré mal gré aux capitalistes français, par toutes espèces de moyens, dont le plus honnête fut encore celui qui consista à faire souscrire d'office, les financiers atteints par des arrêts de la Chambre de justice instituée pour leur faire rendre gorge.

Il fit même appel au capitalistes etrangers, promettant la naturalisation à tous ceux qui souscriraient un certain

(1) Let., inst. et mém., t. II, partie 1, pp. 266 et suiv. de l'Introd.
(2) Let., inst. et mém., t. II, p. 2. Appendice nᵒ 1, déclaration du roi portant établissement d'une Compagnie pour le commerce des Indes Orientales, aoust 1664.

nombre d'actions (1). Il s'adressa encore pour cela à des
gouvernements étrangers. C'est ainsi qu'il fit proposer aux
princes allemands et aux rois du Nord d'entrer dans cette
compagnie. Il est vrai qu'il ne voulait pas seulement par ce
moyen, se procurer des capitaux, mais qu'il espérait avoir de
cette façon des clients pour le commerce français, et surtout
des alliés dans la lutte commerciale qu'il allait entreprendre
contre la Hollande (2). Cette combinaison n'aboutit pas et les
capitaux français constituèrent à peu près seuls la compagnie. Une fois constituée, cette Compagnie fut, on peut le
dire, accablée de privilèges et de faveur : elle eut même
la propriété et la souveraineté de toutes les colonies que
la France possédait dans l'Océan indien, avec le droit de
faire la paix et la guerre et de traiter avec les princes indigènes. Mais en retour, elle fut soumise au contrôle étroit
de l'État, qui eut le droit de nommer ses directeurs, et de
lui imposer des règlements réglant l'exercice de sa souveraineté (3). En réalité, ce fut Colbert et non la Compgnie
qui agit. Ce fut lui, en effet, qui, par les instructions qu'il
adressa aux différents directeurs, indiqua la manière dont il

(1) Let., inst. et mém., t. III, pp. 65 et suiv. de l'Introduct
BONNASSIEUX, loc. cit., pp. 261 et suiv.
(2) Let., inst. et mém., t. II, p. 2, p. 429, n⁰ 19 (1664 ou 1665).
Mémoire des offres faites de la part des Espagnols pour composer
une compagnie de commerce avec divers princes d'Allemagne,
t. III, p. 2, p. 443 à Colbert de Croissy à Londres.
(3) Let., inst. et mém., t. II, p. 1, pp 162 et suiv. de l'introduct BONNASSIEUX, loc. cit , pp. 261 et suiv. Let., inst. et
mém., p. 136. Au comte de Villeroy à Lyon, 20 oct. 1670.

fallait faire le commerce (1), et traça tout un plan de conquêtes militaires. C'est ainsi que, pour se rendre maître de
la route qui séparait la France des Indes, il prescrivit l'occupation de l'île de Sainte-Hélène et de la colonie du Cap
qu'il désirait enlever aux Hollandais. Il voulait également
pour le même motif, faire de Madagascar où résidait le
gouverneur général de la Compagnie une colonie de peu-
plement. Il traça enfin la conduite à suivre : dans les Indes
il demanda l'occupation de l'île de Ceylan et de l'île de
Branca dans l'espérance avouée que ces établissements
détruiraient la concurrence des Hollandais, et s'empare-
raient de leur commerce d'épices, et de celui qu'ils faisaient
avec la Chine et avec le Japon. Pour l'exécution de ce plan,
Colbert donnait à la Compagnie l'appui des flottes françaises,
et d'un certain nombre de troupes directement placées sous
les ordres des agents de la Compagnie (2).

Pendant ce temps la diplomatie française ne restait pas
inactive ; elle sollicitait, en effet, sur les ordres de Colbert,
l'alliance du Portugal contre le commerce Hollandais,
offrant la protection des flottes françaises pour le commerce
portugais mais demandant, pour prix de la protection de la
France, là cession d'import dans les Indes : Diu ou Goa (3).
Cette demande ne réussit pas plus que la tentative de faire

(1) Let., inst. et mém., t. III, p. 2, p. 414, n° 7 ; p. 554, aux
directeurs de la Compagnie des Indes orientales à Surate, 15 mars
1673.
(2) Let , inst. et mém., t. III. p. 2, n° 23, p. 461. Instruction
pour M. de la Haye, lieutenant dans les Indes orientales.
(3) Let., inst. et mém., t. II, p. 2, p. 456. Instruction à M. de
Saint-Romain, ambassadeur à Lisbonne, 10 mars 1669.

rentrer les princes du Nord et les petits États allemands dans la Compagnie française (1).

Ce plan formidable de conquête commerciale, édifié à grands frais par Colbert, n'aboutit qu'à la faillite retentissante de la Compagnie des Indes orientales. Ce plan était évidemment trop vaste et surtout trop militaire pour une société de commerçants ; et quant à la Compagnie elle-même, son organisation était trop artificielle ; c'était une sorte d'administration d'État qui n'avait aucune des qualités nécessaires pour faire le commerce (2).

Après avoir ainsi passé en revue les différents commerces que Colbert tenta de monopoliser au profit de la France pour les pays situé hors d'Europe, nous examinerons ce qu'il voulut faire au point de vue du commerce que les différents pays d'Europe faisaient les uns avec les autres.

Le plus important de tous ces commerces était celui qui se faisait entre le midi et le nord de l'Europe. Il offrait pour la France un intérêt tout particulier : c'était d'abord un débouché pour nos productions naturelles : vins, fruits, eaux de vie, sel, que Colbert appelle les véritables trésors et les véritables mines de la France (3) ; c'était également la source d'où la marine française tirait ses bois de construction et ses agrés (4). Ce dernier point était particulièrement intéressant pour Colbert qui travaillait alors à la

(1) *Ibid.*, t. III, p. 2, n⁰ 35. A M. de Saint-Romain, 23 août 1670.
(2) BONNASSIEUX. *Loc. cit.*, pp. 267 et suiv.
(3) Let., inst. et mém., t. VII, p. 251, p. 230.
(4) Let., inst. et mém., t. VII. p. 244 « le roi a formé la Com-

reconstitution de notre marine militaire et poussait au développement de notre marine marchande (1). S'inspirant encore une fois ici, comme pour le commerce avec le Levant, de la situation géographique de la France, placée entre le Nord et le Midi de l'Europe, il conçut tout naturellement le dessein d'accaparer ce commerce au profit de notre pays (2). Dans ce but, il procéda comme pour les commerces qui se faisaient hors d'Europe. Il constitua une grande Compagnie commerciale sur le modèle des Compagnies des Indes orientales et occidentales avec de gros capitaux et de nombreux privilèges (3). C'est ainsi notamment que des primes élevées furent accordées à l'importation et à l'exportation de certaines marchandises. Fidèle ensuite, aux procédés qu'il avait employés pour la constitution des autres compagnies, il se mit en quête pour trouver à cette Compagnie nouvelle qu'il appela la Compagnie du Nord, des débouchés dans tous les pays d'Europe qui pouvaient avoir besoin de ses services, aussi bien au Nord qu'au Midi (4). C'est ainsi qu'il obtint pour cette Compa-

pagnie du Nord qui porte dans ce pays nos marchandises et en tire ce qui est nécessaire à la construction des vaisseaux. »
(1) Let., inst. et mém., t. VII, p. 241.
(2) Let., inst. et mém., t. II, p. 2, n° 190, aux directeurs de la Compagnie du Nord, 23 janvier 1671.
(3) Let., inst. et mém., t. II, p. 2, p. 800. Édit portant établissement d'une Compagnie de commerce dans le Nord. — BONNASSIEUX. Loc. cit . p. 469.
(4) Let., inst. et mém., t II, p. 2, p. 456. Instruction à M. de Saint-Romain ambassadeur à Lisbonne, p. 430, aux directeurs de la Compagnie du Nord, 20 juin 1670, n'° 140, aux directeurs de la

gnie, des entrepôts à Cadix et à Lisbonne dans le Midi, à Hambourg, à Stocholm et à Riga dans le Nord. Mais son action se fit particulièrement sentir dans le Nord, où il conclut des traités avec le Danemarck et la Suède afin de pouvoir y importer directement les produits français sans passer par l'intermédiaire des Hollandais (1). Et pour détruire même cette concurrence gênante, il chercha à s'allier avec les villes de la Hanse contre la Hollande et sollicita du Danemarck une diminution de droits spéciale à certains produits français comme le sel, à l'exclusion des produits similaires des autres nations (2). Il alla enfin jusqu'à demander à la Pologne un monopole commercial en faveur des commerçants français pour la vente de certaines denrées (3). Il échoua dans ces demandes et dut se contenter d'être aussi bien traité que les autres nations (4).

L'attention que Colbert donna au développement et au progrès des grandes compagnies commerciales qu'il fonda, et entre lesquelles il partagea, pour ainsi dire, le commerce du monde, ne le détourna nullement du soin de protéger et d'accroître cette partie du commerce extérieur de la France, restée aux mains de simples particuliers.

C'est dans ce but qu'il engagea avec les nations voisines,

Compagnie du Nord ; nᵒ 221, à M de Pomponne en Suède, 30 octobre 1670.

(1) Let., inst. et mém., t. II, p. 2, p. 212.
(2) *Ibid* , p. 417.
(3) Let., inst. et mém., t. II, part. 1, pp. 184 et suiv.; part. 2, nᵒ 193 ; nᵒ 194 aux directeurs de la Compagnie du Nord.
(4) Let., inst. et mém., t. II, p. 1 pp. 180 et suiv. de l'introd.

des pourparlers pour conclure des traités de commerce assurant au commerce français soit le même traitement que recevait en France le commerce étranger soit le traitement que recevait le commerce étranger dans ce pays (1). Ce furent notamment les bases du traité de commerce qui fut proposé à l'Angleterre et qui ne put aboutir. Mais en général, il put faire accepter ces clauses par la plupart des nations avec lesquelles il conclut des traités de commerce. Colbert ne se contenta pas toujours de ce genre de traité ; c'est ainsi qu'il tenta d'obtenir de la Suisse un véritable monopole pour les fournitures de sel à faire à ce pays pour sa consommation (2), et qu'il imposa au pape l'abandon du système protecteur que ce dernier avait introduit dans les États de l'Église à l'égard des mannfactures françaises, alors que lui, Colbert, maintenait ce même système en France à l'égard des produits des États pontificaux (3).

Mais, comme le développement du commerce extérieur, lui paraissait, en raison directe de l'accroissement de la marine marchande, il fit tous ses efforts pour l'augmenter, car : « La prospérité de la marine marchande, dit-il, est le meilleur critérium de la prospérité du commerce extérieur (4).

(1) Let., inst. et mém., t. I, p. 487 ; t. II, part. 1, p. 52, part. 2, p. 412, p. 417 ; t. VI, n⁰ 20 ; t. II, p. 2, n⁰ 35, n⁰ 62. p. 492.
(2) Let., inst. et mém., t. II, p. 537, n⁰ 117, au résident de Genève.
(3) Let., inst., et mém., t. VI. Affaires religieuses, introduction de P. Clément.
(4) Let., inst. et mém., t. VI, p. 260 ; t. II, part. 2, p. 786 ; p. 711, n⁰ 302.

Il l'encouragea par des primes données à la construction des navires, et surtout par une surtaxe de 50 sous par tonneau sur le pavillon étranger (1). Cette dernière mesure eut pour notre marine les plus heureux résultats, en la débarassant de la concurrence de la marine hollandaise, qui avait accaparé jusqu'à notre cabotage.

Mais de toutes les mesures qu'il prit pour l'avenir de notre marine, la plus efficace fut assurément le soin avec lequel il veilla à la stricte observation du pacte colonial, dont nous avons déjà parlé à propos des colonies.

Le pacte colonial n'avait pas seulement, en effet, pour but de favoriser l'exploitation des colonies par la métropole, il avait encore pour mission de hâter le développement de notre marine marchande, en réservant à nos seuls navires le trafic des marchandises entre la métropole et les colonies : ce que l'on appelle « l'intercourse colonial ».

A ce point de vue, le pacte colonial jouait le même rôle que les actes de navigation de Cromwel et de Charles II. Le rapprochement est d'autant plus exact, que Colbert, dans l'application des prescriptions du pacte colonial, dut s'inspirer des mêmes préoccupations qui avaient dicté aux Anglais leurs fameux actes de navigation. C'est ainsi qu'il édicta, lui aussi, un véritable acte de navigation, mais au profit seulement de notre commerce du Levant, pays qu'il

(1) Let., inst. et mém., t. II, p. 426, n° 15. FORBONNAIS. *Loc. cit.*, p. 326. Let., inst. et mém., t. II, part. 1, p. 52; t. VI, p, 241. P. CLÉMENT. Histoire du système protecteur, p. 13.

était tenté de considérer, au point de vue commercial, comme une véritable colonie. Il fit déclarer, en effet, que toute marchandise originaire du Levant serait frappée d'un droit de 20 0/0 si elle venait d'un pays autre que le Levant ou sur un vaisseau étranger (1).

En outre de toutes ces mesures, qu'il prit dans l'intérêt de la marine marchande, Colbert assura au commerce maritime une sécurité inconnue avant lui, par l'extension qu'il donna à la marine militaire (2). Cette dernière reçut en outre pour instruction, de protéger les vaisseaux de commerce partout où elle pourrait les rencontrer ; ce rôle de protecteur à l'égard de la marine marchande, était en effet pour Colbert la principale des obligations de la marine militaire. Au reste, pour assurer l'exécution de ses ordres à ce sujet, il défendit aux navires marchands de sortir des ports français sans escorte, toutes les fois que le trajet à faire offrait quelque danger (3). Cette obligation ne laissait pas d'être gênante pour les commerçants, qui devaient attendre pour sortir du port que le convoi fut assez considérable pour pouvoir être escorté, mais Colbert, malgré leurs réclamations, n'en persista pas moins dans sa volonté d'assurer la sécurité du commerce (4). Il avait coutume de dire, que « la liberté et la sécurité

(1) Let., inst. et mém., t. II, part. 2, p. 796.
(2) Let., inst. et mém., t. III, part. 1, p. 39, n⁰ 20 ; t. VII, p. 178 de l'introduct.
(3) Let., inst. et mém , t. II, part. 1, p. 182 de l'introd.
(4) Let., inst. et mém., t. III, part. 1, introduct.

DE MAZAN

étaient l'âme du commerce (1) », mais il pensait qu'il valait mieux, en cas de conflit, sacrifier la liberté à la sécurité.

Toutes ces entreprises ne calmèrent pas l'ambition de Colbert, qui, pénétré de l'importance commerciale que la France devait à sa situation géographique, rêvait de la transformer en une sorte d'entrepôt où toute l'Europe viendrait s'approvisionner des produits du monde entier. L'idée de ce plan commercial était emprunté à la Hollande, qui dans une certaine mesure l'avait réalisé et lui devait la place importante qu'elle occupait dans le commerce général du monde (2).

Colbert au reste, n'avait plus, après avoir réorganisé toutes les branches du commerce extérieur, qu'à perfectionner son œuvre pour aboutir au même résultat que les Hollandais. Les compagnies commerciales, qu'il avait fondées, transportaient en France les produits du monde entier (3). D'autre part, les mesures qu'il avait prises pour la protection de la marine marchande, éliminaient petit à petit la concurrence des marines étrangères (1). Il n'y avait donc plus, pour réaliser le vœu de Colbert, qu'à faciliter aux étrangers l'accès de leurs marchan-

(1) Let., inst. et mém., t. III, p 2, p. 480 ; t. II, p. 2, p 625, n° 214.
(2) Let., inst. et mém., t. II, p. 1, p. 263 de l'introduct. Mémoire sur le commerce, 3 août 1664, t. VI, pp. 263 et 264 ; t. VII, p. 240.
(3) *Ibid.*, t. VII, p. 251.

dises dans les entrepôts français et qu'à écraser définitivement la concurrence hollandaise. Le ministre pensait,
en effet, que la Hollande une fois abattue, et les étrangers
accoutumés à venir en France, ces derniers, non seulement
s'approvisionneraient chez nous, mais pourraient même
encore se servir de notre marine pour effectuer leurs
transports. La marine française serait ainsi insensiblement
conduite à prendre la place de la marine hollandaise et
à lui succéder dans son rôle de commissionnaire universel.

Pour attirer les commerçants étrangers en France, Colbert
leur accorda, tout d'abord, la permission d'avoir des entrepôts dans tous les ports du royaume et de s'en servir
pour leurs marchandises, comme d'étapes, pour gagner leur
destination (2). On devait même leur restituer les droits d'entrée qu'ils avaient acquittés, lorsque les marchandises entre-
posées n'étaient pas destinées à la consommation nationale.
Il accorda ensuite à certains pays, comme l'Espagne, dont les
territoires étaient situés aux deux extrémités de notre pays,
la franchise totale du transit de ses marchandises à travers
la France (3). Il compléta l'effet de ces mesures par la

(1) *Ibid.*, p. 241 : « Le roi maintient le droit de 50 sous par
tonneau sur les navires étrangers, ce qui exclut en 7 ou 8 ans les
hollandais du cabotage. et a augmenté le nombre des matelots. »
(2) Let., inst. et mém., t. II, p. 2, p. 522, nº 98. Aux maires
et échevins des principales villes maritimes et de l'intérieur,
18 mars 1670.
(3) Let., inst. et mém., t. II, p. 2, p. 796. La franchise d'entrepôt fut accordée encore dans un certain nombre de villes frontières comme Troyes, Saint-Jean-de-Lôsne, etc. Pour voir égale-

création de trois ports francs à Marseille, à Bayonne et à
Dunkerque. Ces trois villes, dans l'esprit de Colbert,
devaient devenir des centres commerciaux, chargés d'attirer
au profit de la France : Marseille, le commerce méditerra-
néen : Bayonne, le commerce espagnol, et Dunkerque le
commerce avec l'Angleterre et les côtes de la mer Bal-
tique (1).

Colbert ne s'en tint pas là, il voulut joindre aux réformes
législatives, qui facilitaient nos relations commerciales avec
l'étranger, tout un système de routes et de canaux, qui amé-
lioreraient encore les commodités que le commerce trouvait
en passant par la France. C'est ainsi qu'une des raisons qui
lui fit entreprendre la construction du canal du Languedoc,
fut le dessein de détourner, au profit de la France, le transit
des marchandises qui passaient par le détroit de Gibraltar (2). C'est également le même motif, qui lui fit envisager
avec faveur, un projet de canalisation générale de la France,
faisant communiquer le Rhône à la Méditerranée par une
entrée facile, et ensuite la Saône à la Loire et à la Seine,
de manière à ce que le pays devint le passage naturel de
toutes les marchandises qui se dirigeraient du nord au
midi, ou du midi au nord, en passant de la Méditerranée
dans l'Océan ou vice-versa (3).

ment ce que Colbert fit pour faciliter le transit des marchandises
étrangères, consulter : P. ROUGIER. *Loc. cit.*, pp. 148 et suiv.
Ch. GOURAUD. Histoire de la politique commerciale en France,
pp. 222 et 224.
(1) Let., inst. et mém , t. II, p. 1, p. 171 de l'introduct.
(2) Let., inst. et mém., t. IV, p. 78 de l'introduct , p. 303.
(3) Let., inst. et mém , t. IV. Canal de Languedoc, nº 78,
p. 413, p. 565.

Mais toutes ces réformes étaient, pour Colbert, inutiles et frappées de stérilité, tant que le commerce français aurait à subir la concurrence écrasante du commerce hollandais (1). La Hollande était, en effet, à cette époque, la plus forte nation commerciale du monde. Colbert la rencontrait partout : en Europe, en Amérique, dans les Indes, contrecarrant ses plans les mieux préparés. Bientôt, il en arriva à ne plus voir dans ses insuccès, que l'effet de cette concurrence et à la rendre responsable de tous ses mécomptes. Aussi le ministre, dans tous les rapports adressés au roi sur le commerce, présente la ruine commerciale de la Hollande comme une nécessité inéluctable pour la France : c'est son « delenda est Carthago ».

Il essaya tout d'abord de l'attaquer et de la vaincre avec ses propres armes. C'est ainsi qu'il compare les compagnies commerciales qu'il a fondées à des armées chargées de l'attaquer ; mais bientôt il se rendit compte de l'impossibilité de la vaincre de cette façon et se décida a entrer en lutte ouverte avec elle (2). Cette lutte eut tout d'abord un caractère

(1) Let., inst. et mém., t. II, p. 1, pp. 263 et suiv. de l'introd. — Mémoire sur le commerce du 3 août 1664 ; pp. 17 et suiv. — Mémoire au roi sur les finances (1663), voir surtout le chapitre 5, pp. 50 et suiv., n° 74, p. 121. — Mémoire pour rendre compte au roi de ses finances (1680). — T. VI, pp. 263 et 264. — T. VII, p. 240 « ...... de telle façon que de 10 parts de commerce les Hollandais en faisaient 9, ils faisaient même le commerce de cabotage des ports français ». — Ch. GOURAUD. Loc. cit., p. 208.

(2) Let., inst. et mém., t. VII, p. 250. « ... Il ne reste que la Hollande qui combat encore avec de grandes forces », t. VI, p. 269. « Les Français ne peuvent augmenter leur commerce qu'en écrasant les Hollandais ».

exclusivement commercial; elle débuta, en effet, par une guerre de tarifs. Colbert interdit l'entrée des marchandises hollandaises en France, la privant ainsi d'un de ses débouchés les plus importants. Il espérait que les représailles, que les Hollandais ne manqueraient pas de prendre contre le commerce français, ne pourraient l'atteindre (1), et Forbonnais pense que le raisonnement de Colbert était juste. Malheureusement le ministre n'eut pas la patience (2) d'attendre l'effet de ces mesures, et il se décida à écraser militairement la concurrence hollandaise si bien que, dans un mémoire remis au roi, il étudia sérieusement un projet de réunion de la Hollande à France (3).

Cette guerre fut une faute qui ne profita guère qu'aux Anglais, car les contre-temps que rencontrait le commerce français et dont Colbert se plaignait si amèrement avait des causes plus profondes que l'existence d'une concurrence étrangère (4). Mais, quoiqu'il en soit, il importe de remarquer que cette guerre était la conséquence logique en même temps que la démonstration la plus par-

(1) Let., inst. et mém., t. II, p. 2, nº 192, à M. de Pomponne, ambass. à la Haye, 30 janv. 1871. — Au même 24 février 1691.

(2) FORBONNAIS, *loc. cit.*, p. 464. « Monsieur Colbert avait pris des mesures avec les Hambourgeois, les Danois, les Suédois, pour animer la navigation dans nos ports et les secours qu'il donnait à la nôtre en cinq où six ans les (les Hollandais) auraient ruinés.

(3) Let. inst. et mém., t. II, p. 2, p 658, nº 249, 8 juillet 1672. Propositions sur les avantages que l'on pourrait tirer des États de Hollande au profit du commerce français.

(4) Ch. GOURAUD, *loc. cit.*, p. 273 et suiv.

faite de l'idée que Colbert se faisait du commerce en général et de la politique commerciale de la France.

Le Ministre fit de l'observation du plan, que nous venons d'exposer, une des conditions les plus essentielles de la prospérité de la nation (1) et il lui attribuait les succès qu'il avait eu dans « la guerre d'argent qu'il avait entreprise contre tous les États d'Europe », succès qui avaient dépouillé les nations voisines de leur argent au profit de la France. « Il a déjà vaincu, dit Colbert en parlant du roi, l'Espagne, l'Italie, l'Angleterre, et quelques autres, dans lesquelles il a jeté une très grande misère et nécessité, et s'est enrichi de leurs dépouilles, qui lui ont donné les moyens de faire tant de grandes choses qu'il a faites. » Il considérait que le roi devait retrouver avec usure, toutes les dépenses qu'il avaient faites pour l'accroissement du commerce : « Tous ces établissements, dit-il, ont consommé de l'argent, mais ils ont retenu l'argent dans le royaume et ont causé une grande abondance..... ils ont contribué à augmenter les revenus de quatre fois au moins autant qu'ils en ont consommé. » Aussi, Colbert n'avait pas de plus vif désir que de développer de plus en plus l'application de son plan (2). Il espérait que de cette façon,

---

(1) Let., inst. et mém., t. II, p 1, p. 269 de l'introd, p. 123, part. 2, n° 195, à M. de Pomponne, 27 février 1671, p. 775. — Voir également, les rapports des ambassadeurs vénitiens, t. VII, p. 173 et suiv. p. 178 et suiv. de l'introduct. — MENGHOTTI, loc. cit., p. 296 et suiv.

(2) Let., inst. et mém., t. VII, p. 233 et suiv. Mémoire au roi sur les finances (1670). .

la France s'enrichirait des « dépouilles de la Hollande » (1).
Or, comme d'après lui, les Hollandais avaient fini « par
mettre en leurs mains le commerce de tout le monde » (2),
il tendait, en réalité, à la possession du commerce universel.

Le plan de Colbert nè put aboutir : il réalisa sans doute
d'utiles réformes et donna une vigoureuse impulsion au
commerce, mais il n'arriva jamais à faire remplacer la Hollande par la France (3). Les Français n'avaient pas, en
effet, comme les Hollandais et les Anglais, les qualités et
les mœurs propres au grand commerce ; Colbert tenta vainement de les leur communiquer. Il fit appel pour cela à
l'intervention de l'État, qui se substitua à l'initiative privée,
mais cette intervention fut abusive et désastreuse, car en
aucune matière plus qu'en celle-là, l'initiative privée est nécessaire : rien ne saurait lui suppléer (5).

C'est ce qui explique l'insuccès répété de ses compagnies
commerciales. C'étaient des créations artificielles de l'État,
qui n'avaient aucune attache dans le pays et qui s'écrou-
lèrent, dès que l'appui du Gouvernement vint à leur faire
défaut (6).

(1) Let., inst. et mém., t. VII, p. 251.
(2) Let., inst. et mém., t. VI, p. 264.
(3) P. ROUGIER, loc. cit., p. 496 et suiv., p. 520 et suiv. —
Ch. GOURAUD loc. cit., p. 256 et suiv., p. 268 et suiv.
(4) H. HECHT, loc. cit , p. 62. — PIGEONNEAU, loc. cit., t. II,
p. 462 et suiv. — LEVASSEUR, loc. cit., t. II, p. 229.
(5) H. HECHT, loc. cit., p. 6, p. 67.
(6) Ch. GOURAUD, loc. cit., p. 267. BONNASSIEUX, loc. cit.,
p. 166 et suiv.

CHAPITRE IV

POLITIQUE DU COMMERCE INTÉRIEUR ET DE L'INDUSTRIE

SOMMAIRE. — L'existence et la prospérité du commerce extérieur dans une nation sont liées à une surabondance de production dans le pays. — Cette surproduction ne peut être obtenue que si l'on met la nation en état de produire plus qu'elle ne consomme et des objets demandés par le commerce extérieur. — Colbert considère que pour mettre la nation en état de produire beaucoup, il faut faire circuler l'argent. — Importance qu'il accorde à la circulation de l'argent. — Pour la favoriser il cherche à rendre les capitaux plus abondants. — Il réforme les monnaies. — Il cherche à unifier la France au point de vue économique en détruisant les douanes provinciales et les péages et en réformant l'assiette des impôts indirects : en s'emparant au nom de l'État du service de la viabilité, en cherchant à faire exécuter tout un système de voies de communication, destinées à faire communiquer les diverses parties de la France entre elles et avec la capitale. Colbert pense, en second lieu, que la production, pour être utile au commerce extérieur, doit être manufacturière. — En effet, l'industrie. — 1º Est davantage entre les mains de l'État qui peut plus facilement en favoriser le développement — 2º Elle offre, croit-on, un champ plus vaste à l'emploi du capital et du travail. — 3º Ses produits sont plus faciles à exporter. — Dans ce but Colbert développe les manufactures — il leur cherche des entrepreneurs, des capitaux, du travail et des débouchés.— En revanche, il leur impose des règlements sévères. — Résultats de son œuvre.

L'établissement du commerce extérieur, tel que nous venons de l'exposer, exige nécessairement, pour pouvoir pros-

pérer, l'existence dans le pays, d'une production supérieure
à la consommation nationale.

Si, en effet, le but du commerce doit être de vendre beaucoup et d'acheter peu, il faut absolument produire plus
qu'on ne consomme. Colbert n'a pu se soustraire à cette
conséquence des principes qu'il avait lui-même posés.
Il chercha donc à développer la production nationale,
pour l'amener à conquérir les marchés étrangers.

Il lui fallut pour cela : 1° mettre la nation en état de produire le maximum de ce qu'elle pouvait donner, 2° lui faire
produire ce qu'elle pouvait vendre à l'étranger; en quantités
plus considérables et avec plus de bénéfices.

La première partie de l'œuvre de Colbert en cette matière :
celle qui avait pour but de mettre la nation en état de produire, peut se résumer dans la conception qu'il se fit de
l'importance de la circulation de l'argent. La plupart des
réformes qu'il entreprit pour favoriser le commerce intérieur du pays, peuvent, en effet, se rattacher à cette idée
maîtresse (1).

Colbert voyait dans la circulation monétaire, l'agent le
plus actif de la production, car il pensait que l'envie de
gagner de l'argent était le mobile le plus efficace pour
engager les hommes à travailler et à produire (2).

Le besoin que l'on avait à cette époque de la monnaie,

(1) Let., inst. et mém., t. VII, n° 15. Mémoire au roi sur les
finances (1670).
(2) Let., inst. et mém., t. VII, p. 234.

explique le rôle prépondérant qui lui était attribué dans la production. Par suite, en effet, de la transformation, de jour en jour plus accusée, de la France, de pays d'économie naturèlle à pays à économie monétaire son stock, métalliqne devenait de plus en plus insuffisant pour les échanges et cette insuffisance entravait singuliérement le développement de la production nationale (1). Les économistes de cette époque conclurent tout naturellement de l'observation de ce phénomène, que l'abondance de la production était liée à l'abondance de métaux précieux et à la facilité de leur circulation dans le pays (2). La circulation monétaire, en effet, permet à chaque producteur d'augmenter la production, en lui donnant les moyens d'acquérir une quantité de plus en plus considérable de monnaie, et proportionnée à la quantité de ses produits. Or, comme dans la théorie mercantiliste chaque citoyen peut devenir, ne serait-ce que par son travail, une source de productions utiles à la nation, il est d'une souveraine importance de le mettre à même d'acquérir l'élément indispensable, qui doit développer et féconder cette puissance productrice.

La circulation de l'argent devenait ainsi pour une nation ce qu'est la circulation du sang pour le corps humain. Partout ou arrive l'argent, il y réveille et y active la vie économique, il doit donc pénétrer dans toutes les parties, même les plus reculées du pays (3). C'est pour cela

(1) Let , inst. et mém. t. VII. pp. 96 et suiv.
(2) HECHT. *Loc. cit.*, p. 58.
(3) HECHT. *Loc cit. Ibid.*

que Colbert voulait que l'argent se répandit dans chaque
province proportionnellement à son territoire et à sa population (1). L'État, du reste, ne pourrait que gagner en favorisant cette circulation ; car l'impôt, étant basé sur l'attribution au Trésor d'une quote-part des produits de chaque
partie du territoire, plus ces produits seront abondants, plus
sera élevée la part de l'État.

L'objectif de Colbert, dans sa politique du commerce intérieur, fut donc de faciliter la circulation de l'argent dans le
pays, car si en principe l'argent circule tout seul dans une
nation suivant les besoins de l'échange, (2) une intervention de l'État peut cependant devenir nécessaire, soit
pour régulariser la circulation de la monnaie elle-même,
soit pour écarter certains obstacles apportés à l'échange
par la nature ou par les institutions politiques du pays.
Colbert entreprit donc dans ce but une série de réformes
tendant toutes à faire de la nation, considérée dans son
ensemble, une unité économique parfaite (3).

Les premiéres réformes eurent pour objet de rendre l'argent bon marché. Il espérait ainsi, non seulement faciliter

---

(1) Let., inst. et mém., t. VII, p. 236. « Augmenter par tous
moyens le nombre d'argent monnayé qui roule continuellement
dans le royaume et maintenir dans les provinces la juste proportion qu'elles en doivent avoir », t. VI p. 1(.7 de l'introd. de
P. CLÉMENT.
(2) Let., inst. et mém., t. VII, p. 234, « car, quand il y a de
l'argent, l'envie que les hommes ont de gagner, fait qu'ils mettent
l'argent en mouvement, et le Trésor public a part dans ce mouvement ».
(3) H. HECHT. *Loc. cit.*, p. (8,

la circulation monétaire, mais développer l'esprit d'entreprise dans la nation, Dans ce but, il s'attacha tout d'abord
à prévenir l'accaparement de l'argent par un petit nombre
de capitalistes (1). Cet accaparement avait les conséquences
les plus désastreuses; c'était en premier lieu la ruine de
l'État obligé de servir pour ses emprunts des intérêts usuraires (2). C'était surtout la ruine de tous les producteurs,
obligés, pour avoir les capitaux nécessaires à leurs entreprises, de donner, sous forme d'intérêts, presque tous leurs
bénéfices aux capitalistes (3). C'est ce qui explique pourquoi Colbert, dès le début de son administration, entama
une lutte sans merci contre les financiers qui avaient
accaparé une partie considérable des capitaux français. Il en
punit quelques uns par la confiscation de leurs biens et soumit tous les autres à des règlements tels, qu'ils prévinrent,
à l'avenir, toute tentative de ce genre.

Mais ce n'était pas tout que de prévenir l'accaparement
des capitaux par une oligarchie financière, il fallait encore
et surtout porter les capitalistes, quels qu'ils fussent, à placer leur argent dans le commerce, car c'était pour Colbert

(1) Let., inst. et mém., t. VII, p, 231,, « D'autant que oy
devant l'abondance était dans le royaume, mais elle était entre
les mains, des partisans d'où il a fallu la faire passer pour la
mettre en celles du roi ».
(2) Let., inst. et mém., t. II, part. 1. p. 17. Mémoire sur les
finances (1663).
(3) FORBONNAIS. Loc. cit., p. 375. « Les gens d'affaires en
accumulant, peuvent tenir absolument l'État dans leur dépendance et faire payer l'argent ce qu'ils veulent ».

une condition essentielle pour qu'il fut bon marché ₍1₎. Dans cette intention, il s'étudia à supprimer les placements d'argent que les capitalistes faisaient, soit dans les finances de l'État, soit dans les offices de finances ou de justice. C'est ainsi qu'il supprima un grand nombre d'offices et qu'il diminua les bénéfices qui se faisaient dans les finances. Il pensait que les capitaux se détourneraient ainsi de ce genre de placements pour se porter vers le « véritable commerce utile à l'État » (2).

Mais ce qui paralysait, peut-être, le plus l'essor des capitaux vers le commerce et l'industrie, c'était l'état financier déplorable ou se trouvaient la plupart des villes. A la suite des troubles de la Fronde, et'il faut bien le dire aussi, à la suite des demandes de l'État, les villes se virent accablées de dettes. Or, comme ces dettes étaient recou-vrables, non seulement sur la fortune des maires, échevins et autres administrateurs, mais aussi sur celle de tous les habitants, il en résultait, pour toutes les fortunes particulières, une cause d'insécurité qui arrêtait toute entreprise. Enfin, la mauvaise administration des municipalités aggravait encore le mal en ôtant aux villes toute possibilité de sortir d'elle-mêmes de cette situation désastreuse (3).

(1) Let.. inst. et mém, t. VII, p. 236. — FORBONNAIS. *Loc. cit.*, p. 400. -- Let , inst. et mém., t. VII, p. 252.

(2) Let., inst. et mém., t. VI, n⁰ 26. Avis sur l'annuel, p. 246. FORBONNAIS. *Loc. cit.*, p. 373. « Ce sont les gros bénéfices de la finance qui suspendent la proportion entre l'intérêt de l'argent et son produit, soit dans la culture des terres, soit dans le commerce »

(3) Let., inst. et mém., t. IV, p. 25 de l'introduct. de P. CLÉ-

Frappé des dangers de cet état de choses, Colbert prit des
mesures énergiques pour y remédier. Il institua un conseil
pour vérifier les dettes des villes, et nomma des maîtres des
requêtes pour procéder sur les lieux mêmes à leur liquidation.

Il retira ensuite aux municipalités leur autonomie administrative pour les soumettre au contrôle des intendants,
chargés dans les provinces de représenter le pouvoir central
au point de vue administratif et financier (1).

Comme ministre des finances, Colbert mit lui-même en
pratique les réformes qu'il tentait d'opérer dans la distribution et l'emploi des fortunes particuliéres. Il s'appliqua à
faire rentrer dans les provinces l'argént qui en était sorti
par l'impôt, de manière à y maintenir la quantité d'argent,
qui y était nécessaire pour y soutenir la vie économique (2).
Il voulait donc, que toutes les dépenses de l'État se fissent
en France et non à l'étranger, et que même on choisit de
préférence les provinces des pays d'élections où les impositions étaient plus lourdes que dans le reste de la France (3).
L'État devait encore, selon lui, employer une partie de ses
revenus à susciter dans toutes les parties du territoire des

MENT. — Let., inst. et mém., t. II, part. 1, p. 48 ; — t. IV, appendice, n° 20.

(1) Let., inst, et mém., t. IV, n°s 132 et 133, administration
provinciale. Appendice n° 28.

(2) Let., inst. et mém., t. VII, p. 236 p. 246. « Il faut ensuite que les dépenses (de l'État) soient de telle nature qu'elles
conservent l'argent dans le royaume et le répandent dans les
province avec l'égalité et la proportion nécessaires ».

(3) Let., inst. et mém., t. III, part. 1, p. 77.

entreprises industrielles et commerciales, persuadé, disait-il, que ces dépenses étaient le meilleur placement que le roi pouvait faire avec l'argent du Trésor public (1). On voit combien il était éloigné de la pratique de Sully, qui entassait dans les caves de la Bastille, les réserves financières de l'État. Colbert pensait, au contraire, que les dépenses de l'État étaient le seul moyen de soutenir la circulation de l'argent, après toutes les suppressions d'offices et de rentes, qui avaient retiré de la circulation une quantité de capitaux, qui ne savaient encore où se placer (2).

Colbert compléta toutes ces mesures, destinées à amener dans le pays le bon marché des capitaux, par la fixation de l'intérêt de l'argent, au moyen d'une ordonnance (3). Quelque inefficace que soit une pareille mesure au point de vue économique, nous devons la signaler pour mieux mettre en relief la véritable pensée de Colbert sur cette matière.

Nous allons exposer maintenant les idées de Colbert sur le régime monétaire dont l'influence, sur la circulation de l'argent, est considérable. Cette partie de l'économie politique était, à cette époque, l'objet des préoccupations de tous les hommes d'État, à cause des brusques variations auxquelles la monnaie était soumise et qui troublaient souvent les relations commerciales nationales et internationales.

(1) Let., inst. et mém., t. VII, p. 245.
(2) Let., inst. et mém., t. VII, p. 236, p. 252.
(3) FORBONNAIS. Loc. cit., p. 385, édit du mois de décembre 1665.

Colbert eut donc à se préoccuper de cette question, et nous devons reconnaître qu'il fit y prévaloir les véritables principes admis encore, aujourd'hui, en cette matière. Il reconnut, en effet, que pour être bonne, une monnaie doit être égale en valeur à un lingot de même métal, de même poids et de même titre. Il fit, dans ses lettres, instructions et mémoires, de fréquentes applications de cette théorie (1).

C'est ainsi, notamment, qu'il signala dans ses lettres plusieurs cas d'application de ce que nous appelons aujourd'hui la loi de Gresham (2), et qu'il recommanda de poursuivre avec la dernière rigueur, les faux monnayeurs et ceux qui transportaient en France le billon étranger (3). Il admit en second lieu qu'une bonne monnaie doit varier de valeur le moins souvent possible et que le prix des métaux précieux doit, autant que possible, être constant pour ne pas bouleverser les relations commerciales. « La grandeur et la dignité de l'État sont intéressés, déclara-t-il, à ce que le prix des monnaies soit constant et uniforme dans tout le royaume (4) » Il se plaignait amèrement des Marseillais, qui avaient surhaussé le prix des monnaies et dont la conduite troublait ainsi tout le système monétaire, en maintenant deux sortes de prix

(1) Let., inst. et mém., t. VII, pp. 62 et suiv. de l'introduct. de P. CLÉMENT, — t. II, p. 1. n° 43, p. 93 à M. Barillon, ambassadeur à Londres.
(2) Let , inst. et mém., t. II, p. 1, n° 74 à M. Rouillé, intendant à Aix.
(3) Let., inst. et mém., t. IV, p. 42 ; t. VII, p 84.
(4) Let., inst. et mém., t. II, n° 311.

DE MAZAN

pour les monnaies l'un à Marseille et l'autre dans le reste de la France (1).

Ces idées furent, à coup sûr, les véritables idées de Colbert sur les monnaies. On trouve, sans doute, sous son ministère plusieurs mesures qui paraissent en contradiction avec ces principes, notamment une émission de monnaies altérées et plusieurs variations dans leur prix, mais il faut remarquer que cette altération et la plupart de ces variations furent inspirées par des besoins financiers urgents (2), et que certaines variations eurent aussi pour but de mettre le prix des métaux précieux, en France, en harmonie avec le prix de ces mêmes matières à l'étranger et notamment en Hollande (3). Ces mesures ne furent donc, si je puis ainsi m'exprimer, que des accidents, que des exceptions aux principes de Colbert : exceptions expliquées, sinon justifiées par la nécessité.

Pour avoir la véritable pensée de Colbert, il faut rapprocher de cela, sa fameuse déclaration du 28 mars 1679, qui ne peut s'expliquer que par la connaissance qu'il eut des véritables principes économiques en matière de monnaie. Dans cette déclaration, il prescrivit, en effet, la refonte de toutes les monnaies, soit françaises, soit étrangères, faibles de poids ou de titres, afin d'avoir une monnaie uniforme pour tout le royaume. Il ajouta que le roi renonçait à ses droits

---

(1) Let., inst. et mém., t. VII, p. 91.
(2) Let., inst., et mém., t. VII, pp. 85 et suiv., pp. 93 et suiv.
(3) Let., inst et mém., t. VII, p. 94, t. II, part. 2, nº 2, p. 410. Mémoire sur le change de Hollande.

de seigneuriage, et que tous ceux qui apporteraient des matières d'or ou d'argent aux Hôtels des Monnaies, recevraient le même poids de monnaie du même métal et au même titre (1). Cette mesure, dit Forbonnais, produisit le meilleur effet, et l'on vit les métaux précieux affluer à l'Hôtel des Monnaies (2). Ces mesures furent malheureusement abandonnés après l'administration de Colbert et l'on revint aux errements du passé.

Les réformes que nous venons d'énumérer appelaient, par voie de conséquence, une série d'autres réformes, tout aussi importante en ce qui concerne la circulation des marchandises. Le meilleur moyen, en effet, de développer la circulation de l'argent était de favoriser les échanges et, pour y parvenir, d'activer la circulation des marchandises, seule manière de faire communiquer entre eux les consommateurs et les producteurs (3). C'est ce que comprit et voulut Colbert.

C'est également ce qu'il manifesta par la lutte qu'il entreprît contre les obstacles qui lui furent opposés soit par la nature soit par les institutions du pays.

Le premier et le plus sérieux de tous ces obstacles était la condition politique et économique des diverses provinces de la France, qui, séparées les unes des autres par des douanes, formaient autant d'unités économiques distinctes.

---

(1) Let., inst et mém., t. VII, p. 95.
(2) FORBONNAIS, loc. cit., p. 491.
(3) Let., inst. et mém., t. II, p. 2. no 219, à M. d'Herbigny intendant en mission.

Ces douanes, qui remontaient à l'époque où les provinces, sous l'autorité des grands feudataires de la couronne, formaient autant de souverainetés politiques séparées, étaient mortelles pour le commerce intérieur, dont elles arrêtaient et paralysaient le développement (1). Colbert, qui, mieux que personne, voyait tout ce qu'elles avaient de désastreux pour l'avenir économique du pays, tenta de les abolir toutes (2). Il ne réussit malheureusement qu'à en supprimer une partie.

Le ministre ne pouvait, en effet, songer à imposer ces réformes aux provinces par voie d'autorité, car, la plupart du temps, le pacte, qui avait réuni chacune d'elles à la France, stipulait en général le maintien d'une certaine autonomie économique ; privilège auquel elles tenaient d'autant plus qu'à bien des égards, leurs intérêts respectifs étaient très différents les uns des autres et souvent même opposés suivant les provinces (3). Le ministre fut donc obligé de proposer cette réforme à leur acceptation : elle ne fut acceptée que par un certain nombre d'entre elles, le tiers environ de la France. Colbert par l'Édit de 1664 réunit ces provinces en une sorte de Zollverein, qui fut connu sous le nom de « provinces des cinq grosses fermes ». Dans l'intérieur de ces provinces, les douanes provinciales, connues sous le nom de traite foraine, furent supprimées ; on ne conserva que les douanes qui séparaient la France des autres pays et qui étaient

(1) FORBONNAIS, *loc. cit.*, p. 333.
(2) Let., inst. et mém., t. II, p. 786.
(3) Let., inst. et mém., t. VI. p. 397 et suiv.

connues sous le nom de traite domaniale. Ces dernières
douanes furent reportées à la frontière de ce groupe de province et reçurent un tarif de droits uniformes au lieu de
la diversité et de la complication des anciennes traites do-
maniales (1).

Le reste de la France fut divisé en deux groupes bien
distincts de provinces : les provinces réputées étrangères,
et les provinces composant l'étranger effectif. Les provinces réputées étrangères formaient la plus grande partie
de celles qui n'étaient pas comprises dans le domaine des
cinq grosses fermes. Elles conservèrent leurs douanes provinciales, sous le nom de traite foraine, et continuèrent à
être séparées des pays étrangers et des provinces composant
comme l'étranger effectif par la traite domaniale. Les provinces
composant l'étranger effectif ne comprenaient que celles ré-
cemment acquises à la France par les derniers traités, comme
par exemple : l'Alsace et la Franche-Comté. A ces provinces,
il fallait joindre encore les trois ports francs de Marseille,
de Bayonne et de Dunkerque. Le régime de ces provinces,
comme du reste leur nom même l'indique, ne les soumettait pas à la traite domaniale à l'égard des pays étrangers :
elles étaient libres d'adopter vis-à-vis de l'étranger l'at-
titude la plus conforme à leurs intérêts. Mais, par contre,
elles étaient soumises à cette même traite domaniale, dans
leurs rapports avec le reste de la France (2).

(1) Let , inst. et mém., t. II, p. 2. Appendice, n° 3. Édit du
roi de 1564. — FORBONNAIS, loc. cit., p. 335 et suiv. Ch. GOURAUD,
loc. cit., p. 221 et suiv.
(2) René STOURM, loc, cit., p. 470 et suiv., t. I.

Colbert compléta ces réformes en entourant les provinces des cinq grosses fermes d'une ceinture d'entrepôts, où les marchandises des autres provinces, à destination de l'étranger, purent venir sans payer d'autres droits que ceux de la traite domaniale. Colbert espérait que cette faculté accordée aux provinces réputées étrangères, ou composant l'étranger effectif, faciliterait leur réunion aux provinces des cinq grosses fermes. Une faveur analogue fut accordée aux provinces unies pour les marchandises venant de l'étranger, ou à destination de l'étranger. Elles furent dispensées de la traite foraine et n'eurent à payer qu'une fois la traite domaniale. Ces réformes furent rendues pratiques par l'institution des acquits à caution qui diminuèrent, dans une certaine mesure, les inconvénients résultant de la division de la France en trois zones soumises à des régimes douaniers différents (1). Colbert, néanmoins, regretta toujours de n'avoir pu réaliser, d'une façon plus parfaite, l'unité économique de la France. Il nous parle, notamment, dans ses lettres, des douanes provinciales de Lyon et de Valence qui, dit-il, « sont de véritables coupe-gorge pour le commerce (2). »

Toutes ces mesures, qui avaient pour but de faciliter la consommation des produits nationaux, eussent été incomplètes sans une réforme des impôts de consommation qui, sous le nom de droits d'aydes, portaient sur un certain

(1) FORBONNAIS, loc. cit., p. 450. — Ch. GOURAUD, loc. cit, p. 222 et suiv. — Let., inst. et mém , t. II, p. 176 de l'introduct. de P. CLÉMENT.

(2) Let., inst. et mém., t. II, p. 1, p. 121, n° 74, t. VII, p. 285.

nombre de denrées servant à l'alimentation comme le vin
et la viande. Ces droits étaient d'une extrême complication
et variaient de toutes les manières, suivant les provinces.
Colbert chercha à diminuer tous ces droits, soit comme
nombre, soit comme quotité et surtout a établir des règles
uniformes en ce qui concerne l'assiette et la perception des
droits. Il se heurta malheureusement au mauvais vouloir des
provinces qui ne consentirent jamais à faire abandon de leur
autonomie fiscale et économique. Aussi ne réussit-il guère,
dans l'édit de 1631 qui résume ses vues là-dessus, qu'à
diminuer certains droits et qu'à établir certaines règles plus
justes de perception ; mais cette matière resta aussi compli-
quée après son administration qu'avant (1).

Il fit néanmoins admettre comme principe, que, dorénavant, le roi seul, à l'exclusion des villes et des provinces,
aurait le droit d'imposer les objets de consommation. (2).

A la suite de toutes les réformes que nous venons d'énumérer, Colbert entreprit la réforme de la viabilité en France
et la création de tout un système de voies de communication, qui permit aux marchandises de circuler dans toute
l'étendue du pays. Sa première réforme fut pour changer
le mode d'administration alors en usage pour la construction et l'entretien des voies de communication. Ces travaux
étaient, en effet, dans bien des cas, à la charge des com-

(1) STOURM, loc. cit., t. 1. p. 325 et suiv. — FORBONNAIS, loc. cit.,
p. 498 et suiv.
(2) Let. inst. et mém., t. IV, p. 125.

munes, ou même des particuliers, qui se couvraient des frais qu'ils faisaient, par l'établissement d'un péage.

Ce mode d'administration était déplorable, car, outre que les travaux étaient, la plupart du temps, mal exécutés, l'établissement des péages donnait naissance à des multitudes d'abus. Établis même régulièrement par les provinces ou par l'État lui-même, les péages constituaient pour le commerce des entraves très sérieuses. Dans le but de les diminuer, Colbert fit faire des enquêtes pour supprimer tous ceux qu'il put racheter, ou détruire purement et simplement, comme établis sans droit. Il obtint par ce procédé, des résultats variables suivant les provinces (1). C'est ainsi qu'il parvint à supprimer une quantité de péages, qui rendaient la Loire presque inaccessible à la navigation et que par contre, à son grand regret, il ne put opérer la même réforme pour le Rhône (2). Il déclara enfin, que tout péage, pour être maintenu, devrait être prouvé par acte authentique et qu'à l'avenir, à moins de nécessité absolue, il ne pourrait en être établi de nouveau même par l'État (3).

L'entretien et la construction des routes furent confiés à l'État, dans les pays d'élections, et aux provinces, dans les pays d'États. Il y consacra toutes les années des sommes importantes, prises soit au budget de l'État, soit à celui des provinces, soit à celui des communes. Il renonça avec

(1) Let., inst. et mém., t. IV, p. 102 et suiv., p. 113 et suiv., de l'introduct. de P. CLÉMENT.
(2) Let., inst. et mém., t II, p. 2, n° 242, p. 786, t. VII, p. 285.
(3) Let., inst. et mém., t. IV, p. 104 de l'introduct,

raison aux corvées, qu'il considérait comme peu utiles et vexatoires pour les populations. Les travaux, ou en tout cas, leur contrôle furent confiés à des agents du pouvoir central. Enfin, Colbert fit prévaloir sous toutes ses formes ce principe que la viabilité du pays était du domaine exclusif de l'État, ou des provinces et cela dans l'intérêt du pays lui-même (1). « Il n'y avait rien, en effet, disait-il, de plus essentiel, que de réparer les ouvrages publics, pour procurer aux peuples la commodité qui leur est nécessaire pour leur trafic (2) ». Or, il pensait avec raison, que seuls l'État ou les provinces étaient capables de supporter les grandes dépenses qu'exigeaient tous ces travaux.

L'utilité qu'il attribuait au développement de la viabilité pour laquelle « il fallait, disait-il, lutter contre tous les obstacles et forcer en quelque sorte la nature (3) », lui fit concevoir l'établissement de tout un ensemble de voies de communication destinées à relier entre elles les divers provinces de la France, et toutes ensembles avec Paris, qui est, dit-il encore, « le cœur de la France et le centre de presque toute la consommation qui se fait en France » (4).

(1) Let., inst. et mém., t. IV, p. 107 et suiv. de l'introduct. p. 447 et suiv.
(2) Let., inst. et mém., t. IV, p. 411. « ... Comme les affaires s'améliorent, le roi employera tous les ans une somme à ces sortes de dépenses, il faut en prévenir les négociants pour qu'ils sortent de leur léthargie. »
(3) Let., inst. et mém., t IV, p. 412, à l'intendant de Châlons, 13 mars 1682.
(4) Let., inst. et mém., t. IV, p. 498. Aux intendants des pays d'élection, t. III, 2e partie, p. 46, instruction pour mon fils pour la commission de ma charge.

Il s'appliqua, en premier lieu, à faciliter la navigation intérieure, en multipliant les rivières navigables et les canaux.
Il demandait, pour cela, aux intendants et aux ingénieurs,
envoyés en mission dans les provinces, de lui signaler tous
les ouvrages de ce genre que l'on pourrait entreprendre (1).
« Rien, dit-il, n'étant plus utile pour la commodité des
peuples » (2). C'est ainsi que, sans parler du canal de Languedoc, dont la construction fut une des gloires de son
administration (3), il conçut le projet de faire communiquer
ce canal avec le Rhône, le Rhône et la Saône avec la Loire,
et la Loire enfin avec la Seine (4).

C'est dans le même esprit de protection pour le commerce
que Colbert chercha à multiplier en France, le nombre et
l'importance des routes, car, dit-il « c'est principalement de
la facilité des chemins que dépendent l'avantage du public
et le bien du commerce » (5). Comme pour les rivières et
les canaux, il demanda aux intendants et aux ingénieurs,
des rapports très détaillés sur l'état des routes dans les provinces, et sur l'avantage qu'il y aurait à en construire de
nouvelles (6). Il voulait que les routes servissent avant tout
à fournir des débouchés aux productions des diverses provinces. C'est pour cela qu'il demanda à ce qu'elles abou-

(1) Let., inst. et mém. t. IV, p. 41. Instructions aux commissaires départis (septembre 1663).
(2) Let., inst. et mém., t. IV, p. 412.
(3) Let., inst. et mém., t. IV, p. 78 et suiv. de l'introd.
(4) *Ibid.*, t. IV, appendice, n° 2, p. 565.
(5) Let., inst et mém., t. IV, p. 509.
(6) Let. inst. et mém., t. IV, p. 41.

tissent aux centres de consommation comme Paris et les autres grandes villes du royaume, ou encore aux ports de mer, aux villes frontières, aux fleuves et aux rivières navigables (1).

Ce n'était pas tout pour Colbert d'avoir, en facilitant les échanges, mis la nation en état de produire beaucoup, il fallait encore diriger sa production de manière à tirer parti de toutes ses ressources économiques et à soutenir son commerce extérieur (2). Ce fut là la seconde partie de l'œuvre de Colbert en matière de politique économique intérieure.

La production nationale se divise en agriculture et en industrie manufacturières ou industrie proprement dite (3).

Ces deux branches de la production ont des intérêts et des besoins distincts que l'État peut difficilement satisfaire en même temps.

Il faut donc, en quelque sorte, opter entre l'agriculture et l'industrie. Ce choix est très délicat ; ainsi, Sully avait préféré l'agriculture à l'industrie (4). Colbert au contraire, bien qu'il

(1) Let., inst et mém., t. IV, p. 498, n° 88, routes, canaux et mines.
(2) Let , inst. et mém., t. VII, p. 239, « il faut le (l'argent) conserver au dedans, le faire travailler ... en empêchant qu'il ne sorte et en donnant moyen aux hommes d'un tirer profit ».
(3) Let., inst. et mém., t. II, p. 374, n° 329. Aux intendants, 24 avril 1676, « ... car l'industrie des peuples et la fertilité de la terre sont ce qui attire l'argent dans les provinces et permettent aux peuples de payer. »
(4) Pigeonneau, loc. cit., t. II, p. 260 et suiv. p. 313.

reconnut que l'agriculture était pour la France aussi précieuse que des mines d'or et d'arg nt, se prononça en faveur de l'industrie (1). Il fut guidé, dans ce choix, par les caractères spéciaux qu'offrait l'industrie à cette époque, et la rendaient plus apte que l'agriculture à seconder ses plans de conquête commerciale (2). C'est ainsi que Colbert fut amené à mettre en pratique tout un ensemble de mesures tendant à faire de la France un pays industriel et formant ce que l'on a appelé depuis le Colbertisme (3).

L'industrie, en effet, offrait à l'époque de Colbert trois sortes d'avantages qui ne se rencontraient pas, au même degré tout au moins, dans l'agriculture. C'était, premièrement d'être placé sous la direction presque absolue de l'État ; deuxièmement d'offrir un débouché illimité au capital et au travail national ; troisièmement de pouvoir plus facilement et avec plus de bénéfices exporter ses produits à l'étranger.

Mais, ce qui influa, peut-être, le plus sur la volonté de Colbert, ce fut la croyance où l'on était alors, que la productivité de l'industrie à l'inverse de celle de l'agriculture, était indéfiniment extensible et pouvait conduire l'État qui saurait l'utiliser, à établir sa suprématie économique dans le monde.

---

(1) Let., inst. et mém., t. VII, p. 251.
(2) INGRAM, loc. cit., p 57. « ... Mais les manufactures peuvent plus pour augmenter la population et accroître la valeur totale d'exportation que ne le peut l'agriculture. »
(3) ESPINAS, loc. cit., p. 139, MENGHOTTI. IL COLBERTISMO.

L'État avait, en matière industrielle, des pouvoirs de contrôle et de surveillance très étendus, qui lui permettaient d'agir sur la production, d'une façon très efficace. Ces pouvoirs remontaient au xvie siècle, époque où le droit de faire la police de l'industrie et du travail industriel fut considérée comme droit domanial, c'est-à-dire inhérent à la souveraineté royale elle-même (1). C'est ainsi que le roi avait, en premier lieu, la tutelle administrative des corporations auxquelles il avait succédé, dans le droit qu'elles avaient de réglementer leur composition, le nombre de leurs adhérents, les conditions et même les procédés de leur travail (2). Mais ces corporations, par suite de leur organisation toute féodale, se prêtaient mal au développement de la grande industrie. C'est pourquoi le roi avait, en second lieu, le pouvoir de concéder la fondation, sous le nom de manufactures, d'établissements industriels, organisés en vue d'une production intensive et dont il se réservait par l'acte même de concession la police et la réglementation (3).

Les droits de l'État étaient plus restreints en matière d'agriculture, où le roi n'avait guère, comme nous le verrons au chapitre suivant, que la police des subsistances ; mais ces droits, eussent-ils été même aussi étendus, que la difficulté pratique de les exercer n'aurait pas tardé à les faire abandonner (4).

(1) L. Mosnier. Origines et développements de la grande industrie en France, p. 45.
(2) Pigeonneau, loc. cit., pp. 229 et suiv., p. 241.
(3) L. Mosnier, loc. cit., pp. 45, 46, p. 49.
(4) Let., inst. et mém., t. IV, pp. 40 et suiv. de l'introduct. de P. Clément.

Colbert avait un second motif pour préférer l'industrie à
l'agriculture, c'est que l'industrie à cette époque offrait un
debouché d'une étendue presque illimitée au capital et au
travail national, dont il voulait favoriser l'accroissement et
la productivité, ainsi que nous l'avons montré plus haut (1).
L'industrie française, croyait-on, ne suffisait pas alors au
besoins de la consommation nationale (2) et, y eut elle suffi,
que pouvant encore produire pour l'étranger, elle aurait quand
même offert un emploi lucratif au travail et au capital dis-
ponibles (3). L'agriculture, par contre, ne paraissait pas
offrir les mêmes ressources, car, si demandés même que l'on
supposât ses produits, on ne croyait pas le capital et le
travail susceptibles de la développer dans les mêmes proportions que l'industrie.

La productivité de l'agriculture était, en effet, attribuée
dans une très grande mesure à la fertilité du sol, (4) fertilité qui dépendait elle même de la nature plus de que toute
autre cause. Cette conception particulière de l'agriculture
venait, comme nous le verrons plus tard, de son état économique très arrièré, qui ne permettait pas en général une
culture intensive, et faisait que l'on n'y employait guère que
le capital et le travail strictement nécessaires à son entretien (5).

(1) Let., inst et mém , t. II, part. 2, n⁰ 305 ; t. VII, p. 288.
(2) Let., inst. et mém., t. II, part. 1, p. 48; t. VII, p. 240.
(3) Let., inst. et mém., t. VII, p. 230; t. II, p. 449.
(4) Let., inst. et mém., t. II, p. 2, n⁰ 394, p. 713. « Il ne faut
publier l'arrêt qui permet la sortie des blés, que si la fertilité est
suffisante pour assurer la subsistance des peuples. »
(5) FORBONNAIS, loc. cit., p. 295.

A toutes ces qualités, l'industrie joignait encore, en troisième lieu, l'avantage de fournir des produits pouvant s'exporter à l'étranger avec plus de bénéfices que les produits agricoles. A cette époque, en effet, à raison du prix élevé et de la difficulté des transports, l'exportation, pour être fructueuse, devait s'exercer sur des objets représentant une grande valeur sous un petit volume, comme l'étaient la plupart des objets manufacturés, à la différence de ce qui existait pour les produits agricoles. Les produits industriels étaient, en outre, à peu près assurés, sous certaines conditions de qualité et de bon marché, d'avoir toujours un débouché ouvert à l'étranger où, par suite du peu de développement de la grande industrie, cette production était dans beaucoup de pays inférieure à la consommation. On pouvait craindre, au contraire, que la demande des produits agricoles de la part de l'étranger ne fît défaut, quelle que fut d'ailleurs leur abondance et leur bon marché, si les récoltes étaient également bonnes partout (1).

Mais la raison décisive, peut-être, qui dicta la conduite de Colbert en cette matière, fut la supériorité que l'on attribuait à la productivité de l'industrie comparée à celle de l'agriculture. On croyait, en effet, à cette époque que la pro-

(1) Let., inst. et mém., t. VI, p. 260, n° 33 ; t. VII, pp. 242 et suiv. — INGRAM, *loc. cit.*, p. 57. « Les hommes d'État virent que pour la nécessité de leurs desseins politiques, il fallait rendre l'industrie florissante... L'accroissement des manufactures réagit sur le commerce auquel un champ immense était ouvert par l'établissement des colonies. » Let., inst. et mém., t. II, p. 2, p. 699.

ductivité de l'agriculture dépendait surtout, comme nous venons de le dire, de la fertilité du sol, qualité naturelle dont on ne pouvait augmenter indéfiniment la puissance, et qui, en tout cas, trouvait une limite certaine dans l'étendue de ce sol lui-même (1). Il n'en était pas de même pour l'industrie, dont la productivité était attribuée au capital et au travail, que l'on pouvait, au contraire, augmenter d'une façon indéfinie, en développant de plus en plus le nombre des habitants et le chiffre du numéraire circulant (2), En un mot, la productivité de l'agriculture était limitée et dépendait de la nature, la productivité de l'industrie était illimitée et dépendait de la volonté humaine. Il était donc tout naturel que Colbert, dans cette hypothèse, se prononça en faveur de l'industrie contre l'agriculture, car il désirait avant tout la production d'une quantité illimitée d'objets d'exportation, pour conquérir les marchés étrangers (3).

Après avoir choisi l'industrie pour servir d'instrument à ses desseins, Colbert fit appel à l'intervention de l'État pour

(1) Let., inst. et mém , t. VII, pp. 234 et 235.
(2) Let., inst. et mém., t. VII, pp. 250 et suiv.— H. HECHT, *loc. cit.*, p. 37.
(3) MENGHOTTI, *loc. cit.*, chap 11 INGRAM, *loc. cit.*, p. 59. « Si la pensée de l'époque, au lieu d'être poussée par les circonstances contemporaines, avait pu être guidée par des prévisions sociologiques, elle se serait engagée avec ardeur dans le sentier qu'elle a choisi empiriquement. L'organisation de l'industrie agricoles ne pouvait, à cette période, faire des progrès sensibles, car la direction de ses opérations était encore entre les mains de la classe féodale, qui ne pouvait, en général, s'approprier réellement les habitudes de la vie industrielle. »

aider à son extension. Il chércha surtout à développer la grande industrie en France et pour cela il fit tous ses efforts pour étendre le nombre et l'importance des manufactures, au détriment même des anciens privilèges des corporations (1).

Les manufactures, en effet, à la différence de la plupart des ateliers des corporations, opéraient avec des capitaux importants et un matériel industriel considérable, pouvaient employer un nombre illimité d'ouvriers et produisaient, en général, pour un marché très étendu ; il y avait donc tout avantage à les multiplier (2). Malheureusement, par suite même des dépenses qu'exigeait leur fondation, elles étaient assez rares en France, car d'une part, peu de particuliers étaient tentés d'en fonder, tant à raison des mises de fonds élevées qu'il fallait faire, que des risques sérieux qu'il y avait à courir, et d'autre part, l'esprit d'association n'était pas alors assez développé en France, pour permettre à l'initiative privée de créer et de faire fonctionner des sociétés industrielles, telles qu'elles existent de nos jours (3).

Colbert résolut de modifier cet état de choses et de créer des manufactures de toutes espèces et dans toutes les parties de la France. Il se mit en quelque sorte à la tête de

---

(1) Let., inst. et mém., t. II, p. 1, pp. 123 et suiv. de l'intr., t. II, p. 2, n° 329.
(2) L. MOSNIER, *loc. cit.*, p. 49, pp. 171 et suiv.
(3) Let., inst. et mém., t. VI, p. 23 de l'introd. LEVASSEUR, *loc. cit.*, pp. 143 et suiv., p. 229, t. II.

DE MAZAN

cette gigantesque entreprise (1). C'est ainsi que, bien souvent, après avoir déterminé, sur rapport, l'emplacement et
la nature d'une manufacture à fonder, et estimé approxi-
mativement ses chances de réussite, il s'ingéniait à lui
fournir un entrepreneur, des capitaux, du travail, des
débouchés et jusqu'à des matières premières à bon marché.
Il se réservait, en revanche, de la réglementer sévèrement.

Il commença par entreprendre dans toute la France une
vaste enquête, ayant pour but de se renseigner par l'intermédiaire des intendants, des échevins ou même d'agents
spéciaux, délégués à cet effet, sur les ressources économiques des différentes provinces, sur les dispositions des
populations au point de vue du travail, et enfin sur les
avantages qu'il y aurait pour ces contrées à avoir des manufactures. Après s'être fait ainsi une idée d'ensemble de
l'état présent et de l'avenir industriel de la France, le
ministre renouvelait le même genre d'enquête dans la province où il se décidait à fonder une nouvelle manufacture (2).
Cette fondation, une fois résolue, il cherchait à placer l'éta-

---

(1) Levasseur, *loc. cit.*, p. 175. « Mais nul roi, nul ministre,
jusque là, ne l'avait (le plan qui consistait à faire de la France
un pays manufacturier) appliqué méthodiquement à la France
entière : c'est là qu'est la véritable originalité de Colbert », pp. 259
et suiv.
(2) Let., inst. et mém. t. II, p. 1, pp. 123 et suiv de l'introd.,
t. IV, p. 39. « Le roi veut être informé... sur le fait du négoce
ou des manufactures, en chaque province de son royaume. Ce
point est très important, car c'est le seul moyen de faire venir
la richesse du dehors et de faire subsister le nombre infini des
sujets du roi », t. VII, pp. 290 et suiv. — L. Mosnier, *loc.*
p. 129. Depping, *loc. cit.*, t. III, pp. 880.

blissement dans les meilleures conditions de réussite, l'organisant ici d'une façon et là d'une autre, n'intervenant, en général dans sa naissance ou son fonctionnement qu'autant que cette intervention était justifiée par la nécessité.

Il se préoccupait tout d'abord de trouver des entrepreneurs, qui voulussent bien se charger des risques de l'entreprise. Il faisait appel, pour cela, à toutes les bonnes volontés, aux particuliers, aux villes, aux provinces. C'est ainsi que dans quelques cas, rares il est vrai, l'entrepreneur fut une municipalité, une province ou l'État lui-même, mais c'était là l'exception (1). La plupart du temps, le ministre formait une compagnie commerciale pour tenter l'entreprise, ou décidait un particulier à s'en charger à lui tout seul (2). Il n'obtenait en général ce résultat, qu'en accordant aux uns comme aux autres des privilèges variés : à celui-ci, par exemple, un véritable monopole pour la vente de ses produits ; à celui-là le droit seulement de fabriquer et de vendre ses marchandises dans le royaume (3). Mais, dans tous les cas, l'entrepreneur, quelqu'il fut, passait avec l'État un véritable contrat par lequel il s'engageait, en échange des faveurs qu'il recevait, à fabriquer, de la qualité

(2) LEVASSEUR, *loc. cit* , p. 251. Let., inst. et mém. t. II, p. 2, n⁰ 334. *Ibidem*, n⁰ 335, n⁰ 214, p. 623. DEPPING, *loc. cit.*, *cit.*, t. — III, p. 685.
(3) Let., inst. et mém., t. II, part. 2, n⁰ 104, n⁰ 125. DEPPING, *loc. cit.*, t. III, p. 817, p. 818.
(1) L. MOSNIER, pp 127 et suiv., — Let. inst. et mém., t. II, appendice, p. 786.

désignée et en quantité voulue, les marchandises pour lesquelles il avait obtenu un privilège (1).

Il arrivait souvent que la plus grosse difficulté, pour le
succès de l'entreprise, n'était pas le manque d'entrepreneurs, mais bien celui de capitaux. Dans cette hypothèse,
Colbert n'hésitait pas à procurer, sous diverses formes, les
avances nécessaires aux industriels. Il s'adressait pour cela
soit aux financiers et aux gens d'affaires, soit aux provinces, soit aux municipalités, soit aux finances de l'État lui-
même (2). C'est ainsi, notamment, qu'il insistait auprès des
municipalités pour qu'elles fournissent à la manufactuïe, à
défaut d'autres secours, un local pour abriter les ouvriers,
un certain stock de matières premières et quelque fonds pour
distribuer des primes aux apprentis et subventionner les
directeurs et instructeurs de la manufacture (3).

Venait ensuite la question du travail ; Colbert s'adressait
alors, presque exclusivement, aux municipalités pour en
fournir les manufactures. Il leur rappelait, en termes énergiques, que le travail des manufactures était le seul moyen
d'enrichir les populations et de les empêcher de tomber
dans la misère et il leur recommandait de faire tous leurs
efforts pour engager leurs administrés à y travailler. Il leur
prescrivait même, dans certains cas, d'envoyer d'autorité aux
manufactures tous ceux qui avaient besoin de travailler pour

(1) Let., inst. et mém., t. II, p. 2, n⁰ 24, n⁰ 27, n⁰ 67, n⁰ 143,
n⁰ 290.
(2) Let., inst. et mém., t. VII, p. 245, p. 289; t. II, p. 551,
p. 623, p. 624, part. 2, n⁰ 216; t. VII, appendice, n⁰ 14, p. 296.
(3) Let., inst et mém., t. II, p. 2, n⁰ 104, n⁰ 282, n⁰ 322.

vivre, et ne faisaient rien (1). Dans quelques circonstances même, Colbert se servit de la religion pour obtenir du travail de la part des populations; c'est ainsi qu'il recommanda aux curés et aux évêques de représenter à leurs fidèles comme un devoir de conscience l'obligation de travailler aux manufactures. Mais, comme l'obstacle qui retenait les populations dans l'oisiveté, pouvait provenir de l'ignorance des procédés du travail qu'on leur demandait, le ministre prenait soin de leur envoyer, quand cela était nécessaire, des personnes chargées de les instruire (2). Il faisait même venir comme instructeurs des ouvriers étrangers, toutes les fois que le genre du travail, qu'il voulait acclimater en France, y était ignoré (3). Il accorda enfin aux ouvriers de certaines industries, pour en augmenter le nombre, quelques privilèges, consistant en primes et en exemptions fiscales (4).

Rien, au reste, n'était plus variable que l'organisation du travail dans les manufactures. Dans la plupart, les ouvriers travaillaient dans des ateliers communs et Colbert, dans ce cas, exigeait sous des peines sévères, qu'ils y fussent

(1) Let., inst. et mém., t. II, p. 41 de l'introd., t. II, p. 2, n° 27, p. 441 ; n° 89, p. 584 ; n° 211, p. 621 ; n° 244, n° 297 ; t. IV, p. 39. — Depping, loc. cit., n° 35, p. 824, t. III.
(2) Depping, loc. cit., t. III, p. 807, p. 810. — Let., inst. et mém., t. II, p. 2, p. 441, n° 125, p. 853.
(3) Let., inst. et mém., p. 140 de l'introd., p. 554, du t. II ; t. IV, n° 10, routes, canaux et mines.
(4) Let., inst. et mém., t. II, part. 2, n° 262, p. 786 ; t. VII, appendice, industrie, n° 1.

assidus et ne travaillassent pas ailleurs, car c'était prétendait-il, la seule manière de faire de bons ouvrages (1). Dans d'autres, au contraire, les ouvriers se présentaient à des intervalles de temps réguliers, à des espèces de bureaux où ils recevaient une certaine quantité de matière première, et remettaient également l'ouvrage qu'ils avaient fait (2). Colbert interdisait alors aux ouvriers de travailler pour d'autres personnes que pour les entrepreneurs de la manufacture, menaçant de punitions sévères les ouvriers qui contreviendraient à ses ordres (3).

Il restait enfin à résoudre la question la plus grave de toutes, d'où dépendait l'avenir de l'industrie elle-même : la question des débouchés. Dans quelque hypothèse, en effet, que l'on se plaça, la production industrielle serait nécessairement proportionnelle à la consommation qui en serait faite (4). C'est pourquoi, il fallait, avant toutes choses, se rendre maître de la consommation, aussi bien à l'intérieur qu'à l'extérieur du pays ; à l'intérieur, en détruisant la concurrence étrangère ; à l'extérieur, en fabriquant beaucoup et à bon marché.

C'est ce que comprit parfaitement Colbert et ce qu'il chercha à atteindre dans les deux Édits de 1664 et de 1667 sur les douanes. Pour repousser, en premier lieu, la concurrence étrangère, le ministre mit des droits à l'entrée des manufac-

(1) Let., inst. et mém , t. II, part. 2, n° 27.
(2) L. Mosnier, *loc. cit.*, p. 118 Depping, *loc. cit.*, p. 807.
(3) Let. inst. et mém., t II. part. 2, p, 512.
(4) Let., inst. et mém., t. II, part. 2, p. 572 ; p. 854.

tures étrangères : droits modérés d'abord dans le tarif annexé
à l'Édit de 1664, parce que les industries françaises, ne
pouvant suffire aux besoins de la consommation nationale, il
fallait nécessairement faire appel aux produits de l'industrie étrangère ; droits plus élevés ensuite dans le tarif annexé
à l'Édit de 1667, alors qu'il ne s'agissait plus que de protéger l'industrie française contre la concurrence de l'étranger ; mais, jamais, aucun de ces droits ne fut prohibitif(1).

Le but de Colbert, en effet, en promulguant ces deux Édits,
n'était pas de fermer la porte aux produits étrangers, mais
seulement de protéger temporairement l'industrie française
pour lui permettre de conquérir un jour d'elle-même les
marchés français et étrangers (2). C'est même pour aider à
cette conquête, par le bon marché des produits industriels
français, que le ministre, par les mêmes tarifs, éleva les
droits mis à l'exportation des matières première et baissa,
en même temps, ceux mis à l'importation des mêmes marchandises, afin d'en procurer en grand nombre et à bas
prix aux industriels. Il procéda de la même manière pour
avoir les vivres à bon marché, afin que les ouvriers fussent
nourris à meilleur marché et par conséquent moins
exigeants pour leurs salaires (3). Colbert compléta toutes

(1) Let., inst. et mém., t. II, part. 1, pp. 260 et suiv. de l'introduct. Discours sur les manufactures royales (1663). — Ibid.,
p. 268; t. II, p. 1, p. 48; p. 123; t. VII, p. 242. — FORBONNAIS,
loc. cit , t. I, p. 335 ; p. 400.
(2) CH. GOURAUD, loc. cit., p. 235.
(3) Let., inst. et mém , t. II, pp. 122 et suiv. de l'introduct. de
P CLÉMENT, t VII, p. 284. L MOSNIER, p. 133.

ces mesures par quelques réformes accessoires. C'est ainsi qu'il fit donner des primes à l'exportation pour favoriser certaines industries particulièrement intéressantes, et qu'il poussa à la production de certaines matières premières, telles que le chanvre et la laine (1). Il veilla encore à ce que les fournitures de l'État pour l'armée ou la marine se fissent toutes en France (2), et il voulut même que les marchands français suivissent tous son exemple ; c'est pourquoi il recommanda à ses agents de lui signaler ceux qui se fournissaient à l'étranger, afin, dit-il, « de pouvoir les en dégoûter (3) ».

Colbert donna, par toutes ces réformes, une prodigieuse extension à l'industrie française ; ce fut, dans tout le pays, une véritable révolution économique qui frappa les contemporains, les étrangers surtout, qui ne voyaient pas sans envie la prospérité nouvelle de la France (4).

Colbert malheureusement ne s'en tint pas là et après avoir ainsi fourni à l'industrie des entrepreneurs, des capitaux, du travail et des débouchés, il considéra qu'il lui restait

---

(1) Let., inst. et mém., t. II, p. 145 de l'introd , p. 851, t. IV, p. 239.
(2) Let., inst. et mém., t. III, partie 1re, p. 76, n" 48.
(3) Let., inst. et mém., t. II, partie 2, n° 24, p. 438.
(4) Let., inst. et mém., t. VII, p. 173. Extrait des rapports des ambassadeurs vénitiens « Aussi on demande de tous côtés des marchandises de France, ce qui oblige à envoyer du numéraire en France, au dommage évident des autres places et à la satisfaction de Colbert qui ne cherche qu'à dépouiller les autres États pour enrichir la France ».

encore quelque chose à faire pour elle, c'était de la réglementer. Il en avait le droit, ainsi que nous l'avons expliqué
plus haut, et il en usa largement. Ce fut la partie la moins
heureuse de son œuvre industrielle (1).

Ces réglements furent très minutieux et constituèrent
pour certaines industries, pour les industries textiles notamment, de véritables manuels de technologie qui furent sanc-
tionnés, en outre, par des peines draconiennes, pouvant aller
jusqu'à l'emprisonnement des contrevenants (2). Colbert institua, pour faire exécuter ces règlements, tout un corps de fonctionnaires, qui, sous le nom d'inspecteurs et de commis des
manufactures, eurent mission de contrôler la fabrication, de
relever les délits et de marquer les produits pour en permettre l'exposition et la vente. Concurremment avec d'autres,
ces officiers eurent encore dans leurs attributions le droit
de faire la police des foires et marchés et de saisir toute
marchandise irrégulière ou non marquée. Des tribunaux spéciaux, composés en général des échevins de la ville où avait
eu lieu la saisie des marchandises défectueuses, furent enfin
institués pour connaître des contraventions en ces matières (3).

Ces règlements étaient aussi vexatoires que possible et
soulevaient de la part des industriels des plaintes fréquentes ;
on peut néanmoins invoquer, pour leur défense, la nécessité ou se trouvait Colbert de faire pénétrer dans la nation

(1) FORBONNAIS, loc. cit., p. 400, t. 1.
(2) Let.. inst. et mém., t. II. Appendice, nᵒ 9, p. 832.
(3) L. MOSNIER, loc. cit., pp. 127 et suiv.

les véritables traditions industrielles qui lui manquaient
encore (1).

Dans la pensée du ministre, en effet, ces règlements
avaient surtout une valeur éducative et devaient être abandonnés, dès que le pays aurait acquis une formation industrielle suffisante. Ils sont, en quelque sorte, comparables à
ces lisières que l'on met aux enfants pour leur apprendre
à marcher ; car, il ne faut pas oublier que ces règlements
furent édictés beaucoup moins dans l'intérêt de la consommation que dans celui de la production : la bonne qualité
des produits devant faciliter leur débit sur tous les marchés
où ils seraient transportés (2). C'est pourquoi Colbert célé-
brait dans ses lettres, en termes enthousiastes, les vertus de
ses règlements, leur attribuant la prospérité et le développement de l'industrie (3). Il les considéra du reste, jusqu'à
la fin de sa vie, comme la partie la plus essentielle de son
œuvre, et il y tenait à ce point, qu'il refusa de conclure, malgré tout son désir, un traité de commerce avec l'Angleterre,

---

(1) FORBONNAIS, loc. cit., t. II, p 400. « Ce n'est pas que
l'utilité et la nécessité de plusieurs (règlements) ne doivent être
reconnus, les arts étaient nouveaux ou presque totalement incon-
nus par l'interruption du commerce ».

(2) P. ROUGIER, loc. cit., pp. 150 et suiv ; CH. GOURAUD, loc.
cit., pp. 250 et suiv. Let., inst. et mém., t. II, part. 2, n° 230.
28 décembre 1671, à Penautier ; n° 232, 3 janvier 1672, à Villeroy.

(3) Let , inst. et mém.. t. II, p. 2, p. 544 ; p. 543 en note ;
p. 551, p. 614 ; n° 307, n° 316, p. 728 ; « Les règlements sont essentiels, car le principal pour un royaume aussi florissant, est que
les draps soient toujours d'égale bonté. longueur et largeur ».

pour ne pas avoir à y porter atteinte en quelques unes de leurs prescriptions (1).

La réglementation, dont nous venons de parler, ne fut pas spéciale aux manufactures, elle s'appliqua, avec quelques variantes de détail, aux corporations et fit partie intégrante de leurs statuts (2).

Les règlements industriels s'appliquaient, en effet, à tous, et nul, en principe, ne pouvait s'y soustraire ; aussi est-ce, peut-être, autant pour assurer le maintien de leurs prescriptions que pour obéir à une préoccupation d'ordre purement fiscal, que Colbert tenta, sans succès du reste, de réunir tous les artisans du royaume en maitrises et en jurandes (3).

Quand Colbert mourut, l'industrie française était florissante (4). Ses successeurs, malheureusement, ne comprirent point son œuvre et la compromirent. Ils oublièrent, en effet, l'esprit de ses réformes pour n'en retenir que les procédés. Ses règlements, qui avaient pour but de faciliter l'éducation industrielle de la France et devaient varier avec ses progrès, furent aggravés et transformés en lois d'État intangibles (5) ; son système protecteur, dont l'établissement avait la même portée, devint un système prohibitif (6).

---

(1) Let., inst. et mém., t. II, p. 2. Appendice, nᵒ 8.
(2) Let., inst. et mém , t. II, pp. 149 et suiv .
(3) FORBONNAIS, *loc. cit.*, t. I, 477.
(4) CH. GOURAUD, *loc. cit.*, p 244, LEVASSEUR, *loc. cit.*, pp. 277 et suiv.
(5) LEVASSEUR, *loc. cit* , pp. 280 et suiv.
(6) CH GOURAUD, *loc. cit.*, pp. 297 et suiv

A tout cela se joignirent la révocation de l'Édit de Nantes,
qui priva la France de ses meilleurs industriels, l'abus des
monopoles commerciaux, arrachés au pouvoir par l'intrigue
ou la faveur, la ruine des corporations, écrasées par des
impôts de toute nature. Toutes ces causes réunies affai-
blirent notre industrie et l'enfermèrent dans une sorte de
routine qui fut funeste à notre développement économique (1).

L'œuvre de Colbert ne périt cependant pas toute entière,
il en resta la meilleure partie : le goût du travail, dont il
avait enseigné la valeur à la nation, et le maintien de ces
fortes traditions industrielles qu'il avait contribué, avec tant
de zèle, à former en France (2).

Il en resta encore quelque chose de plus : une leçon de
politique économique très importante pour les gouvernements de l'avenir. Colbert, en effet, venait de montrer les heureux effets du protectionisme éducateur qu'il
venait d'inaugurer, pour la première fois, en France.
Tandis que ses prédécesseurs cherchaient, avant tout,
à assurer la conservation et l'augmentation matérielle
des métaux précieux dans le pays, sans se préoccuper
de développer d'abord les énergies productrices de la
nation, Colbert, au contraire, fit de ce développement le
but principal de la politique industrielle, pensant, avec

---

(1) LEVASSEUR, *loc. cit.*,pp.286 et suiv.; FORBONNAIS, t. II,
p. 95.
(2) H. HECHT, *loc. cit.*, p. 69.

grande raison, que le meilleur moyen d'augmenter et de
conserver l'or et l'argent en France était de faciliter à la
nation les moyens d'en gagner elle-même par son travail.
C'est pourquoi, à l'inverse de ses prédécesseurs, qui considéraient les prohibitions et les protections, comme devant
former un système permanent, nécessaire pour sauvegarder
les richesses de la France, Colbert n'attribuait à ces mesures
qu'une valeur purement éducatrice, et qui ne devaient
être maintenues que le temps nécessaire pour permettre à la
nation d'acquérir un développement économique suffisant,
pour lutter avec avantage contre la concurrence étrangère.
C'est ce que Colbert indiqua très nettement dans une lettre,
qu'il écrivit aux échevins de Lyon : « Les habitants de cette
ville, leur dit-il, feraient bien de considérer les faveurs dont
leur industrie était l'objet, comme des béquilles à l'aide
desquelles ils devraient se mettre en mesure d'apprendre à
marcher le plus tôt possible, et que son intention était de
le leur retirer ensuite » (1).

Les successeurs de Colbert, malheureusement, ne comprirent pas le caractère éducateur de son système industriel, dont ils voulurent faire un système permanent et
dont ils exagérèrent même les pratiques. On en revint
ainsi au système qu'avaient suivi les prédécesseurs de
Colbert ; mais les conséquences en furent si désastreuses, au
point de vue économique, qu'il souleva avec les physiocrates

(1) Cité par P. CLÉMENT dans son : « Histoire du système protecteur en France. »

et les économistes de l'école classique une opposition vio-
lente, qui le discrédita complètement. Ce discrédit atteignit,
en même temps, Colbert, auquel on attribua faussement la
paternité de ce système, sans remarquer la différence qui
existait, à ce point de vue, entre lui et ses successeurs. On
ne lui rendit justice que, lorsque List, Carey et les autres
économistes de l'école de l'économie politique nationale,
par esprit de réation contre la doctrine du libre-échange,
qui sacrifiait les nations les plus faibles au plus fortes, eurent
adoptés, eux aussi, les conclusions du protectionisme éducateur (1) dont Colbert avait fait, le premier en France,
une application raisonnée,

(1) Voir J. RAMBAUD. Histoire des doctrines économiques,
p. 244. Chapitre VII, « l'Économie politique nationale.

CHAPITRE V

POLITIQUE AGRICOLE

SOMMAIRE. – Colbert veut assurer la subsistance de la France et
cherche pour cela à maintenir le blé à bas prix. — Système
pourvoyeur. — Mesures administratives et législatives pour prévenir les accaparements de blé. - - Magasins publics. — Législation douanière : importation toujours permise, exportation, au
contraire, permise, dans le cas seulement, où la récolte est très
bonne en France. — Colbert arrive ainsi à maintenir le blé à un
prix inférieur au prix qu'il aurait atteint sans l'intervention du
système pourvoyeur. — Il ruine le producteur et limite la production de blé, qui en temps ordinaire, est inférieure aux besoins du pays.
Le système pourvoyeur de Colbert a son origine dans une fausse
conception de la productivité de l'agriculture. — Pour Colbert,
l'agriculture dépend de la fertilité naturelle du sol. — Pour
développer l'agriculture, il suffit donc de diminuer les impôts
qui la grèvent trop lourdement, et de multiplier les bestiaux
qui maintiennent sa fertilité. -- Les produits sont nécessaires
à l'existence du peuple : plus ils seront abondants et à meilleur
marché, mieux cela vaudra. — D'où le système pour voyour.
Cette fausse conception de la productivité de l'agriculture a son
origine à son tour, dans une série de causes qui la maintenaient
encore à l'état de développement économique, où elle se trouvait
au moyen âge. — Ces causes sont : la condition des terres, —
l'absentéisme des propriétaires, — l'arbitraire de la taille. —
Misérable état de l'agriculture sous l'ancien régime.

Nous venons de voir comment Colbert avait voulu faire de
la France un pays essentiellement manufacturier. Nous con-

naissons les motifs de cette détermination et les résultats
qu'il a obtenu au point de vue industriel. Il nous reste,
maintenant, à exposer les principes de sa politique agricole,
pour avoir la pleine connaissance de ses idées, en matière
d'économie politique. C'est là, en effet, que nous trouverons
le résumé de la plupart de ses erreurs économiques. Nous
aurons, en même temps, l'explication d'une partie des souf-
frances de l'agriculture et de la misère du peuple, au
XVIIe siècle.

Au premier abord, Colbert semble avoir mis sur le même
pied, les produits industriels et les produits agricoles. Il les
considérait, en effet, comme pouvant fournir, tous les deux,
de grands bénéfices à la nation, au moyen de l'exportation (1). C'est pourquoi, nous le voyons favoriser l'exportation du vin, et dans certains cas même, celle du blé (2).
Il établit, néanmoins, entre eux, une distinction essentielle :
ils répondaient pour une nation à des besoins très différents,
et leur utilité n'était, par conséquent, pas la même ; leur
mode de production, différait, en second lieu, sensiblement,
suivant qu'il s'agissait de l'un ou de l'autre de ces produits.
C'est cette distinction, qui explique la différence radicale
de sa politique agricole, comparée à sa politique industrielle.

Tandis, en effet, qu'il entrava l'importation des produits
industriels et qu'il en favorisa l'exportation, il autorisa toujours, au contraire, l'importation des produits agricoles et
n'en permit l'exportation, que dans certains cas déterminés,

(1) Let., inst. et mém., t. VII, p. 230, p. 251.
(2) Let., inst. et mém., t. II, part. 1, p. 261, p. 326, part. 2,
n° 258.

ou pour certaines denrées de luxe comme le vin par
exemple (1).

Au XVIIᵉ siècle, le produit principal de l'agriculture était
le blé, qui constituait la base de l'alimentation en France.
C'était la culture la plus répandue, celle dont le sort réglait
la condition de l'agriculture elle-même (2). Or, on considérait, à cette époque, que, cette denrée, étant de première
nécessité pour un pays et ne pouvant être produite qu'en
quantité limitée, il était d'une bonne politique d'en approvisionner le pays. La même obligation n'existait pas pour
les produits manufacturés que l'on considérait, au contraire,
comme étant des produits de luxe, susceptibles, du reste,
d'être indéfiniment multipliées (3). Cette conception, dont
l'origine remontait au moyen âge, où les famines étaient
fréquentes et particulièrement effrayantes, donna naissance
à ce que l'on a appelé : le système pourvoyeur ou le système
annonaire (4). Ce système consistait à confier au souverain
du pays la police des subsistances, pour lui permettre d'assurer les approvisionnements de blé, à quelque prix que ce
soit. Dès le XVIᵉ siècle, ce droit de police avait passé à la
royauté avec les autres attributs de la souveraineté. Il était
devenu une sorte de droit domanial, qu'en principe, sinon
toujours en fait, les administrations provinciales ou locales

(1) Let., inst. et mém., t. I, part. 1, p. 103 de l'introd.
(2) BOISGUILBERT. Voir DAIRE, les économistes financiers au
XVIIIᵉ siècle, pp. 207 et suiv.
(3) MELON. Voir DAIRE, loc. cit , pp. 742 et suiv.
(4) L. COSSA, loc. cit., pp. 207 et 209.
DE MAZAN

ne pouvaient exercer qu'avec l'autorisation du pouvoir central (1).

On avait abouti ainsi, à créer toute une législation spéciale sur les blés, dont voici quelles étaient, avant Colbert, les principales dispositions : premièrement : obligation d'emblaver une certaine partie des terres cultivés soit, par exemple, les deux tiers ; deuxièmement : interdiction d'accaparer les blés, manifestée par la défense faite aux négociants de s'associer pour faire le commerce de cette denrée et par l'obligation imposée aux cultivateurs et aux fermiers de vendre leur blé dans l'année qui suivait celle de la récolte ; troisièmement : défense d'exporter le blé hors du territoire ; quatrièmement : permission d'en faire venir du dehors ; cinquièmement enfin : création dans quelques grandes villes de greniers publics pour emmagasiner le blé (2). On espérait, grâce à cette réglementation, avoir toujours du blé en abondance.

En arrivant au pouvoir, Colbert avait été trop frappé par les famines, qui signalèrent les deux premières années de son administration, pour ne pas chercher à maintenir lui aussi, l'abondance du blé en France (3).

A la différence seulement des gouvernements précédents, Colbert chercha à obtenir ce résultat, moins en conservant et en augmentant la quantité matérielle de blé existant en France (4), qu'en travaillant à faire descendre son prix au

(1) Pigeonneau, loc. cit., t. II, pp. 209 et sniv.
(2) L. Mosnier, loc. cit., p. 28.
(3) Let. inst. et mém., t. IV, p. 46 de l'introd.
(4) Ch. Gouraud, p. 231.

prix minimum qu'il pouvait atteindre (1). Il voyait, en effet, dans ce phénomène économique, le signe le plus certain de l'abondance de cette denrée dans un pays (2). Ces deux façons de résoudre la même question avaient cependant entre elles de nombreux points de contact et exigeaient pour être appliquées, l'emploi de mesures analogues. C'est ce qui explique comment Colbert, dans sa politique agricole, se servit de la plupart des procédés du système pourvoyeur, procédés que lui avaient légués les gouvernements du xvi° siècle.

Colbert se préoccupa, en premier lieu, de parer à l'élévation des prix, pouvant provenir de l'accaparement du blé par les commerçants ou par les producteurs eux-mêmes. C'est ainsi que, conformément à la jurisprudence du Parlement de Paris, il refusa de reconnaître un caractère légal aux sociétés, formées entre commerçants pour l'achat des blés (3). Il maintint également cette partie de l'ancienne législation relative à l'emmagasinement des blés par les particuliers. Il ne toléra les amas de grains que dans les greniers publics (4). Ces greniers étaient alimentés par des blés achetés, soit en France, soit à l'étranger. Ils étaient destinés non seulement à secourir les populations, en cas de famine, comme en 1662 et en 1663, mais encore à prévenir

(1) FORBONNAIS, loc. cit., t. I, p. 402.
(2) Let., inst. et mém., t. II, part. 2, n° 280, p. 686 ; t. IV, n° 39, agriculture, forêts, haras, n° 78, p. 258 ; n° 79, n° 81.
(3) L. MOSNIER, loc. cit., pp. 105 et suiv.
(4) FORBONNAIS, loc. cit., t. I, p. 291, année 1662.

la cherté (1). Quand les prix du blé, en effet, venaient à
s'élever, les greniers publics continuaient à vendre au
même prix, afin de peser sur les cours pour les faire fléchir.
C'est de cette façon que se forma l'administration « des
blés du roi » qui, fut accusée, au xviii° siècle, d'avoir voulu
provoquer la famine qu'elle avait mission de prévenir (2).
Colbert, en second lieu, s'attacha à conserver à la production du blé la plus grande partie des terres cultivables de
la France. Il ne recourut pas, sans doute, pour cela aux procédés autoritaires du xvi° siècle, où l'on forçait les paysans
à consacrer à cette denrée une part déterminée de leurs
terres. Il chercha seulement à décourager la culture de
certains produits de luxe, comme la vigne, qui auraient pu
faire concurrence à celle du blé sans présenter cependant,
les mêmes avantages que cette dernière. C'est ainsi que,
non seulement, il émit le vœu, que, d'une façon générale, on
cultiva en France moins de vigne et plus de blé, mais qu'il
maintînt encore, dans quelques provinces du Centre et de
l'Ouest, des droits élevés sur la consommation et la circulation du vin, afin d'en entraver la production. Il déclara, du
reste, formellement, qu'il aurait voulu restreindre la culture
de la vigne dans les provinces réputées pour l'abondance
et la qualité de leurs crus (3). Le vin était, en effet, pour

(1) Let., inst. et mém., t. II, p. 1, p. 10; p. 53, t. IV, n° 90.
Agriculture, forêts et haras.
(2) P. ROUGIER, loc. cit., p. 327. DARESTE DE LA CHAVANNE.
Histoire des populations agricoles, p. 497.
(3) Let., inst. et mém., t. II, p. 103 de l'introd., part. 1, n° 160.

Colbert, une denrée destinée, moins à être consommée en France, qu'un objet de luxe destiné à soutenir notre commerce d'exportation (1).

En troisième lieu, Colbert chercha à développer la culture du blé et à faciliter les approvisionnements du pays, en s'efforçant d'établir la libre circulation de cette denrée dans toute la France (2). Il espérait, de cette façon, engager les cultivateurs à produire davantage, en leur offrant comme débouché, au lieu du marché local ou provincial, le marché national lui-même. Les provinces et les municipalités avaient, en effet, à cette époque, une tendance marquée à vouloir assurer leurs propres approvisionnements, au détriment du pays tout entier, en cherchant à accaparer le blé produit sur leur territoire (3). Colbert s'opposa énergiquement à toutes ces vélléités d'autonomie économique : il déclara notamment, à plusieurs reprises, que le commerce des grains était libre de province à province et rappella aux autorités provinciales et municipales, que le droit d'imposer les denrées ou d'établir des greniers publics faisaient partie du droit que la royauté avait sur la police des subsistances (4). Il ne supprima pas, malheureusement, les difficultés de transports, qui entravaient la circulation du blé comme de tout autre marchandise (5).

(1) Let., inst. et mém., t. II, p. 2, p. 523, n° 126.
(2) Let., inst. et mém., t. IV, pp. 40 et suiv. de l'introd.
(3) DARESTE DE LA CHAVANNE, loc. cit., p. 444.
(4) Let., inst. et mém., t. IV, p. 320, p. 272, n° 87. Agriculture à M. Bouchu, intendant à Dijon, p. 268, n° 90, n° 98. Agriculture, n° 117 ibidem.
(5) DAREST DE LA CHAVANNE, loc. cit., p. 443. P. ROUGIER,

Mais, ce qui révèle, mieux que tout autre entreprise, la volonté bien arrêtée de Colbert d'avoir le blé très abondant en France, en le faisant descendre au plus bas prix possible, ce fut la politique douanière qu'il suivit en cette matière. Il autorisa, en effet, d'une façon constante, l'importation du blé dans le pays, moyennant l'acquittement de droits d'entrée, en général, peu élevés. Il ne permit, au contraire, l'exportation de cette denrée que, lorsque sur les rapports qu'il recevait des provinces, il estimait la production du pays supérieure à sa consommation, et, dans ce cas même, la permission n'était que temporaire et ne durait que le laps de temps nécessaire pour permettre à cet excédent de production de s'écouler à l'étranger (1).

Grâce à se système, Colbert arriva à déprécier le blé au-dessous de son prix de revient, au moins dans les années de récolte moyenne. Voici, en effet, ce qui se passait habituellement : par suite de la défense générale d'exporter le blé et de la permission de l'importer, les producteurs français avaient toujours à craindre que la quantité de blé existant en France, ne fut, d'une façon habituelle, supérieure à la consommation, quelque fut, du reste, l'état de la récolte

loc. cit., p. 327. Il faut ajouter à toutes ces causes de décadence pour le commerce intérieur du blé, les entraves du système pourvoyeur, en ce qui concerne l'emmagasinement et le commerce du blé à l'intérieur du pays. Voir à ce sujet : FORBONNAIS, loc. cit., t. I, pp. 292 et suiv. — LEVASSEUR, loc. cit., t. II, chap. 8. Législation des ports et marchés, pp. 304 et suiv.
(1) Let., inst. et mém., t. IV, pp. 45 et 46 de l'introduct. de P. CLÉMENT. DARESTE DE LA CHAVANNE, loc. cit., p. 445.

dans le pays. Si, en effet, la récolte était bonne et supérieure
aux besoins de la nation, il n'était pas certain que l'on pût
exporter du blé, car, cette permission dépendait de la bonne
volonté du ministre ; si, au contraire, la récolte était mauvaise, la faculté d'importer ramenait ou pouvait ramener le
stock de blé existant en France à la quantité nécessaire à la
consommation du pays ; ce qui privait le producteur de
l'élévation du prix, qui aurait compensé, pour lui, la mauvaise récolte qu'il venait de subir (1).

Le prix du blé était ramené, de cette façon, à une moyenne
constante équivalente à peu près, au prix que cette denrée
atteignait dans les années de bonne récolte. Or, comme les
bonnes récoltes sont en somme un fait exceptionnel, en
forçant le producteur à vendre toujours son blé à un prix
déterminé par les années de bonne récolte, on le forçait souvent, en réalité, à vendre à un prix inférieur au montant de
ses frais de production. Il se trouvait alors ruiné, et devait
nécessairement, dans la suite, restreindre sa production, ce
qui exposait justement le pays aux famines que Colbert se
flattait de prévenir. Il arriva, en effet, que les terres médio-
cres furent abandonnés et que l'on ne cultiva plus que les
terres de premier ordre, celles dont les produits pouvaient en
toute hypothèse couvrir les frais de production. Le mal ne
s'arrêta pas là, car le capital et le travail désertèrent la terre,
pour trouver ailleurs un emploi plus lucratif. Il ne resta
bientôt plus dans l'agriculture, des trois éléments essentiels

(1) L. Mosnier, loc. cit., p. 133.

de la production : terre, capital et travail, que ce qui put
fournir encore, en les y laissant, un revenu suffisamment ré-
munérateur, ou que ce que l'on fut obligé d'y laisser. Aussi,
l'agriculture ne produisit-elle plus guère que la quantité de
blé strictement nécessaire à la consommation nationale, et
encore, fallait-il, pour qu'il en fut ainsi, que la récolte en
France fut bonne. Si cette hypothèse n'arrivait pas à se
réaliser, on devait faire appel à l'étranger. Or, rien n'était
plus dangereux qu'une telle dépendance. La famine, en
effet, pouvait en résulter pour le pays. Il n'y avait pour cela,
qu'à supposer que, par suite d'une guerre, ou seulement
d'une mauvaise récolte s'étendant à toute l'Europe, l'étranger ne pût nous fournir le supplément qui nous man-
quait (1).

Cet état de choses créa à l'agriculture française une situation intolérable, dont Colbert finit par s'émouvoir. Malheureusement, il ne comprit rien à la véritable cause du mal ;
il n'apporta, en effet, comme remèdes à cet état, que des
palliatifs insuffisants, mais qui démontrent mieux peut-être
que tous les raisonnements que l'on pourrait faire, que
l'origine de ses erreurs économiques sur cette matière
vient de la conception erronnée qu'il s'était faite de la productivité de l'agriculture.

Colbert ne chercha, en effet, pour améliorer le sort de
l'agriculture, qu'à diminuer le chiffre de l'impôt foncier, qui,

---

(1) FORBONNAIS, loc. cit., t. I, p. 292 et suiv. — DARESTE DE LA
CHAVANNE, loc. cit., p. 445 et suiv. — BOISGUILBERT, DAIRE, loc.
cit., p. 174. DEPPING, loc. cit., t. III, p. 769, nº 23.

d'après lui, ruinait les cultivateurs et les empêchait même de pourvoir d'une façon suffisante à leur entretien (1), et qu'à augmenter le nombre de bestiaux qui, dit-il, « sont la nourriture de l'homme et de la terre » (2). Pas un instant, il ne se demanda s'il ne serait pas utile de faire pour l'agriculture ce qu'il avait fait pour l'industrie, c'est-à-dire, lui fournir des capitaux abondants et des débouchés rémunérateurs. Or, ceci ne peut guère s'expliquer que par ce fait, que Colbert ne considérait la productivité de l'agriculture que comme le résultat de la fertilité du sol, fertilité qui n'a besoin, pour être mise en valeur, d'aucun élément, capital ou travail pris en dehors des productions elles-mêmes de la terre. En fait de capital, l'agriculture, en effet, n'a besoin que d'engrais qui lui sont fournis par les bestiaux que nourrit la terre qu'ils fertilisent (3), et, en fait de travail, elle ne demande que le travail des hommes et des animaux qu'elle entretient également avec ses produits (4). Ce qui reste, la nourriture de l'homme et des bestiaux une fois prélevée, est un bénéfice que doivent se partager entre eux : l'État, les propriétaires des terres et les cultivateurs (5). Or, comme ce surplus existe toujours, puisque à peu près toutes les terres sont susceptibles d'être louées

(1) Let., inst. et mém., t. II, part. 1, p. 125, t. VII, p. 237.
(2) Let., inst. et mém., t. III, part. 2, n° 5.
(3) Let., inst. et mém., t. IV, p 48 de l'introd. de P. CLÉMENT. p. 137.
(4) Let., inst. et mém., t. II, part. 2, p. 713.
(5) Let., inst. et mém., t. VII, p. 234 et 235.

et de payer une rente, la terre laisse toujours un bénéfice au producteur.

Aussi Colbert pensait-il, que pour développer la fertilité de la terre et pour augmenter, par conséquent, le bénéfice du protecteur il suffisait : premièrement : d'assurer un entretien convenable aux cultivateurs et pour cela, ne pas les charger d'impôt audelà de ce que peut produire la fertilité du sol et c'est pourquoi il diminua l'impôt foncier (1) ; deuxièmement : d'augmenter le nombre des bestiaux et c'est ce qui explique, comment Colbert, durant tout son ministère, empêcha la saisie des bestiaux et ordonna à ses intendants de recommander à leurs administrés d'accroître l'étendue de leurs pâturages (2). Mais, jamais Colbert ne songea à procurer aux producteurs de blé des débouchés rémunérateurs pour la vente de leur produit (3). Il cherchait, au contraire, à avoir le blé au meilleur marché possible, dût-il même pour cela diminuer le chiffre de l'impôt foncier. Ce bon marché ne pouvait, selon lui, nuire, en aucune façon, à l'agriculture, qui n'avait pas, comme l'industrie, de capital à

(1) Let , inst. et mém., t. VII, p. 237 et 238, p. 253.
(2) Let., inst et mém., t. II, part. 1, p. 88, p. 254, p. 374, t. IV, Appendice, n° 6.
(3) Ou s'il le faisait c'était uniquement pour permettre au peuple de faire de l'argent et de payer leur impôt, voir let., inst. et mém., t. II, p. 1, p. 326, part. 2, p. 686, t. IV, p. 268, t. VII, p. 234, t. IV, p. 239. «... tenez la main à l'exécution exacte et ponctuelle de l'arrest, qui vous a été envoyé aussi pour les cheptels, estant certain que de la conservation des bestiaux dépend le principal soulagement des peuples, qui par ce moyen se trouvent en état de satisfaire à leurs impositions ».

reconstituer ou de travail à payer avec des produits autres que ceux qu'elle produisait elle-même. Aussi, Colbert n'hésitait pas, pour avoir le blé à son prix minimum, à empêcher celui que le pays produisait, de sortir de France, et à faire venir celui de l'étranger en quantité illimitée. Il pensait, en effet, qu'avant d'enrichir les cultivateurs, il fallait nourrir les ouvriers et les soldats à bon marché, afin d'en augmenter le nombre. Il faisait même ce calcul, que, plus il ferait entrer de blé étranger en France, plus il pourrait nourrir d'ouvriers ; ces ouvriers à leur tour, produiraient en plus grande abondance des objets manufacturés, qui s'échangeraient contre des quantités, de plus en plus considérables, d'or, de subsistances et de matières premières. Or, rien, d'après les idées de Colbert, ne peut être plus utile pour une nation qu'une telle combinaison, car, en prenant lentement à l'étranger son or et ses subsistances, elle se prépare sûrement à en faire la conquête commerciale et politique (1).

Après avoir exposé le système agricole de Colbert, nous devons nous demander, comment il a pu naître dans l'esprit de ce ministre. La réponse me paraît devoir être cherchée dans l'étude de la condition de l'agriculture au XVIIe siècle (2). A cette époque, en effet, l'agriculture ne se servait guère, en fait de capitaux d'exploitation, que des bestiaux qu'elle entretenait sur son propre fonds et n'employait

(1) V. MELON dans DAIRE, loc. cit., p. 707 et suiv.
(2) INGRAM, loc. cit., p. 59.

guère également, que le travail qu'elle pouvait directement rétribuer avec ses propres produits (1). Elle se trouvait encore à cette phase de son développement, qui correspond à l'économie naturelle.

Les agriculteurs, en effet, produisaient directement la plupart des objets dont ils avaient besoin, et, pour le reste, pratiquaient très largement l'échange en nature : ils ne vendaient guère que pour payer l'impôt (2). C'est ainsi que, pour la location des terres, on pratiquait de préférence au fermage, le métayage qui donnait au bailleur, au lieu d'une somme d'argent fixée d'avance, une quote-part des produits annuels de la terre (3). Le système de Colbert ne nous apparaît plus guère ainsi, que comme l'expression théorique d'une situation économique particulière à cette époque. Le tort du ministre fut d'avoir pris cette réalité qu'il constatait, pour une nécessité inhérente à la nature même des choses, et de ne pas avoir compris, que l'agriculture pouvait devenir une industrie de même nature que l'industrie manufacturière, pourvu toutefois, qu'elle fut placée dans la même situation économique (4). Or, c'est justement la difficulté de réaliser cette dernière condition en faveur de l'agriculture, qui contribua, peut être le plus, à confirmer Colbert dans ses erreurs. On ne concevait pas, alors, la possibilité d'une pareille transformation pour l'agriculture. A cette époque, en

---

(1) DARESTE DE LA CHAVANNE, *loc. cit.*, p. 300, p. 319, p. 448, p. 464 et suiv.
(2) H. HECHT, *loc. cit.*, p. 61 et 62.
(3) DARESTE DE LA CHAVANNE, p. 311.
(4) FORBONNAIS, *loc. cit.*, p. 562.

effet, l'état social tout entier conspirait à priver cette branche de la production nationale, des facteurs qui font le succès des autres industries, c'est-à-dire, de direction, de capital et, dans une certaine mesure même, de travail. C'est ce que nous allons exposer ; nous verrons en même temps, que Colbert est excusable d'être tombé dans une erreur, qui lui était, en quelque sorte, imposée par l'état de la société où il vivait.

Toutes les causes de décadence, résultant, pour l'agriculture, de l'état social du xviie siècle, peuvent se résumer dans l'existence de deux causes bien distinctes : premièrement, le régime légal de la terre, aggravé par l'absentéisme des propriétaires et le mépris où l'on tenait le travail agricole ; deuxièmment : l'assiette et la répartition de l'impôt foncier.

En détruisant toutes les souverainetés locales, crées par le moyen âge, la royauté avait aboli la plupart des servitudes personnelles, qui manifestaient la reconnaissance de la souveraineté du propriétaire de la terre de la part de ceux qui l'habitaient, mais impliquaient, en même temps, un ensemble de droits et de devoirs réciproques, aussi bien de la part du propriétaire que de la part du sujet. Les seigneurs conservaient bien encore, il est vrai, au xviie siècle, comme propriétaires de la terre, les formes extérieures de la souveraineté, dans certaines matières et sous certaines conditions, mais il ne les possédaient plus, depuis le xvie siècle, que comme délégués héréditaires du pouvoir central. Malheureusement, la royauté, en opérant ces réformes, conserva

les servitudes réelles, qui liaient certaines terres vis-à-vis
de certaines autres ou des possesseurs de ces dernières,
et qui, n'étant cependant que la conséquence matérielle
et directe des servitudes personnelles, auraient du dispa-
raître avec elles (1). C'est ce qui explique comment on
trouve encore, au xvii⁰ siècles, des terres grévées de droits
et de redevances annuelles et perpétuelles fort lourdes,
dont l'origine remontait au moyen âge et qui entravaient
la libre circulation des biens et immobilisaient la culture.
Ces terres étaient des terres de condition inférieure, dé-
tenues, à titre héréditaire, par les cultivateurs, qui les
mettaient en valeur et en payaient la redevance au propriétaire ou seigneur. Les autres étaient des terres libres de
toute redevance annuelle, et restaient à la disposition de
leurs propriétaires. Ces derniers les louaient en général à
des cultivateurs, sous forme de bail à ferme ou à métayage.

Cette inégalité dans la condition des terres soumises, les
unes à des redevances invariables, les autres à des redevances, pouvant varier à chaque renouvellement de bail,
était mauvaise en soi. Elle conduisait, en effet, le propriétaire, à se désintéresser de l'exploitation des terres à redevance fixe, comme les censives, pour ne s'occuper que de
l'amélioration de ses fermes ou de ses métairies. Mais, en
fait, par suite de l'absentéisme des propriétaires, la condition
de toutes les terres fut également mauvaise. C'est qu'en
effet, la présence des propriétaires était, à cette époque, d'au-

(1) LEVASSEUR, *loc. cit.*, p. 23.

tant plus nécessaire, que, possédant, en général, des vastes domaines, ils avaient, non seulement, à exercer sur leurs paysans des droits de patronage et de juridiction, qu'ils ne pouvaient utilement remplir qu'en personne, mais encore, à fournir à l'agriculture la direction économique et les capitaux que les cultivateurs, pauvres et routiniers pour la plupart, ne pouvaient donner.

Cet absentéisme venait de ce que, les grands propriétaires, appartenant, en majorité, aux deux classes privilégiées de la noblesse et du clergé, étaient retenus, par leurs plaisirs ou leurs fonctions, loin des campagnes, dans les villes. Les conséquences de cet état de choses furent déplorables ; les propriétaires prirent, en premier lieu, l'habitude de manger leurs revenus hors de leurs domaines, ce qui contribua singulièrement à appauvrir les campagnes ; ils en arrivèrent, en second lieu, à considérer ces mêmes revenus, non comme le résultat ou le profit d'une entreprise, ayant pour but la mise en valeur d'une terre, mais comme une sorte d'impôt prélevé sur les bénéfices des cultivateurs, et portant sur une quote-part des produits naturels du sol. Aussi, se gardaient-il bien de fournir à la terre les capitaux dont elle avait besoin, Ils étaient incapables, en effet, par suite de leur éloignement, non seulement de contrôler, mais même de comprendre l'utilité d'un pareil placement.

Ils laissèrent également les campagnes sans aucune direction économique ; leurs droits de patronage et de juridiction furent délégués à des intermédiaires qui abusèrent de leur situation pour ruiner les populations. Ces mœurs eurent leur répercussion sur ceux-là mêmes qui, soit par nécessité, soit par plaisir, continuèrent à résider sur leurs domaines ; ils dédaignèrent, comme les autres, de s'occuper d'agriculture ; il fallait encore s'estimer heureux, quand ils ne cherchaient pas à vexer les populations.

Par suite de cet absentéisme des grands propriétaires, il y eut une séparation presque absolue entre deux catégories de personnes, dont la collaboration eût été nécessaire pour faire prospérer l'agriculture. D'un côté, en effet, se trouvaient les grands propriétaires, qui absorbaient le plus clair des revenus de la terre, sans lui fournir, en échange, les capitaux et la direction, dont elle avait besoin, de l'autre, étaient les cultivateurs, obligés de travailler avec des capitaux insuffisants et des connaissances techniques incomplètes, vivant, en outre, dans un état très misérable et soumis à toutes sortes de vexations.

Les inconvénients de cet état de choses auraient pu être corrigés, dans une très grande mesure, par la constitution d'une sorte de classe moyenne, composée de riches fermiers, qui seraient devenus les intermédiaires naturels entre les grands propriétaires et les cultivateurs, et auraient fournis à ces derniers le capital et la direction qui leur manquaient. C'est ainsi que cela se passait, alors, en Angleterre : cela ne fut malheureusement pas possible en France. Divers obstacles s'opposèrent toujours à la formation d'une classe de ce genre ; c'est à ce point, que, bien que le fermage fût connu dans notre pays, dès le XVIe siècle, il était si peu pratiqué, que l'on calculait, vers la fin du XVIIIe siècle, que les

5/6 des terres louées étaient en métayage. Les paysans préféraient cette forme de bail au fermage, parce qu'elle exigeait moins de capitaux et exposait à moins de risques; or, rien n'est plus significatif que cette préférence, qui prouve péremptoirement leur manque de capitaux et leur manque d'initiative. Les causes de cette situation sont multiples. Il y avait d'abord, le discrédit qui pesait sur le travail agricole, discrédit peu fait pour attirer vers l'agriculture les entrepreneurs et les capitalistes. Les uns et les autres se portaient de préférence vers le commerce et l'industrie, quand ce n'était pas vers les offices de justices et de finances, qui n'étaient que trop nombreux. Aussi, les rares cultivateurs, qui arrivaient à se constituer une petite fortune, n'avaient-ils qu'une ambition, c'était d'entrer dans une autre carrière et de sortir de leur condition.

Mais, quelle qu'ait été l'importance des causes que nous venons d'énumérer pour expliquer l'absence de classes moyennes agricoles, il faut reconnaître que leur influence, en cette matière, n'a été que secondaire, comparée à celle qu'ont eue l'assiette et la répartition de l'impôt foncier.

Le principal et le plus important des impôts fonciers était la taille, impôt direct et de répartition. C'était, à l'origine, un impôt frappant tout le monde et portant sur l'ensemble de la fortune du contribuable. Sa répartition reposait, comme la plupart des impôts sur le revenu, sur l'appréciation, plus ou moins arbitraire, que faisaient de la fortune de chacun les agents chargés de le percevoir. Mais, petit à petit, cet impôt s'était restreint à la richesse foncière et n'atteignait plus qu'une partie de la population (1). C'est ainsi, qu'au xviie siècle, la terre fournissait les neuf dizièmes de la somme qu'il rendait. Cela venait de ce que la terre était la forme de la richesse la plus apparente et la plus facile à évaluer, et de ce que les nombreux privilégiés, qui étaient dispensés de cet impôt, étaient précisément ceux, qui détenaient la plus grande partie de la richesse mobilière du pays. Malheureusement, en devenant un impôt foncier, la taille avait conservé ses deux caractères de personnalité dans l'assiette, et d'arbitraire dans la répartition, qui la rendaient désastreuse. Grâce, en effet, à son caractère d'impôt personnel, il arrivait, en premier lieu, que la taille excluait de son assiette les richesses territoriales très considérables que possédaient la noblesse et le clergé, et, en second lieu, qu'elle atteignait, non seulement la terre elle-même, c'est-à-dire, l'ensemble de ses facultés productrices naturelles ou acquises, mais encore, tout ce qui constituait la fortune foncière des contribuables, c'est-à-dire, leurs capitaux d'exploitation : instruments aratoires, bestiaux, etc. La répartition arbitraire de la taille achevait de rendre cet état aussi mauvais que possible. Les répartiteurs, forcés, en effet, de se baser sur la fortune apparente du contribuable, pour fixer le montant de la quote-part de chacun, étaient exposés à toutes espèces de tentatives de fraude ou de corruption. Il faut ajouter encore à tout cela, que cet impôt était fort lourd, ce qui aggravait singulière-

---

(1) R. Stourm, *loc. cit.*, t. I, p. 238.

ment les défauts que nous venons de signaler. Il est facile maintenant de comprendre, combien les conséquences de cet impôt furent désastreuses pour l'agriculture.

La taille agissait, tout d'abord, à la façon d'un impôt somptuaire sur les capitaux d'exploitation agricoles. Toute augmentation de capital était, en effet, une indication donnée aux répartiteurs sur la fortune apparente du contribuable, indication dont ceux-ci s'empressaient de profiter pour augmenter le montant de l'impôt. Le malheureux agriculteur était ainsi, d'autant moins disposé à accroître ses capitaux d'exploitation, ses bestiaux, par exemple, qu'il n'était assuré, pour tout bénéfice, que d'une chose, c'était de payer un impôt plus élevé. Il arrivait alors que les con‑tribuables s'efforçaient de paraître le plus misérable possible. Le malheur voulait que la réalité finit toujours par se joindre à l'apparence; les terres, en effet, privées des capitaux nécessaires, rendaient peu ; tandis que, le cultivateur, n'étant plus incité à produire par l'espoir du gain, travaillait moins bien et finissait par tomber dans la misère.

La taille, en second lieu, était l'occasion d'une infinité de fraudes de la part des contribuables, qui tentaient d'y échapper de toutes les façons, soit en acquérant ou en usurpant la qualité de nobles, soit en achetant un office, soit même en corrompant les répartiteurs. Les plus riches arrivaient ainsi à se soustraire à l'impôt, qui retombait de tout son poids sur les plus pauvres, les écrasaient et les décourageaient de tout effort sérieux pour sortir de leur état, dans la crainte justifiée qu'une augmentation de travail ne leur amenât qu'une augmentation d'impôt.

La taille, enfin, contribuait à chasser de l'agriculture tous ceux qui, ayant quelques capitaux, cherchaient un placement, où ils fussent moins exposés aux entreprises du fisc. Il ne resta plus guère sur la terre que ceux qui ne purent pas en sortir ; la position d'agriculteur fut, en effet, déconsidérée à un tel point, que le fait seul de payer la taille fut considéré comme la marque d'une condition sociale inférieure.

Colbert, qui connaissait une partie des maux, que faisait subir cet impôt aux classes agricoles, tenta de le réformer. Il diminua, en effet, le chiffre de la taille et fit quelques bons réglements pour prévenir les fraudes et les injustices, auxquelles donnait lieu sa répartition. Il essaya même, pour donner à cet impôt une assiette plus équitable, de procéder à la confection d'un cadastre général, qui aurait préparé le pays à la transformation de cet impôt de personnel en réel, comme cela, du reste, existait alors dans certains pays d'États, comme le Languedoc. Ces dernières réformes ne furent guère malheureusement qu'ébauchées, et restèrent à l'état de projets et de vœux. Les vices de la taille restèrent, en somme, presque aussi graves, après l'administration de Colbert, qu'avant. Sa levée fut toujours aussi difficile et sa répartition donna lieu aux mêmes abus et aux mêmes injustices. La taille resta avec la gabelle, un des impôts les plus odieux de l'ancien régime et un des plus malfaisants pour les campagnes.

Ces trois fléaux réunis : la législation sur les grains, le maintien dans les campagnes des droits féodaux joints à l'absentéisme des propriétaires et l'arbitraire de la taille plongèrent l'agriculture dans un état de misère, qu'on essaya vainement de corriger au xviiie siècle, et qui ne finit qu'à la grande Révolution (1).

(1) Voir pour l'étude de ces trois causes de décadence de l'agriculture au xviie siécle. — DARESTE DE LA CHAVANNE, loc. cit., de la page 250, à la page 540. — FORBONNAIS, loc. cit., t. I, p. 290 à 301. Année 1662, p. 316 à 323. Année 1664, p. 405. Année 1668, p. 562. Année 1683. — LEVASSEUR, les classes ouvrières en France depuis 1789, jusqu'à nos jours de la page 23 à la page 43.

CONCLUSION

DOCTRINES QUI SE DÉGAGENT DE LA POLITIQUE ÉCONOMIQUE
DE COLBERT

Après nous être rendu compte des principes, qui ont dirigé
Colbert dans la conduite de son œuvre économique, et avoir
tracé un court exposé des diverses applications qu'il en a
faites à chacune des grandes branches de la production
nationale : commerce, industrie, agriculture, nous devons
donner un très rapide aperçu des principes économiques,
qui se dégagent de cette œuvre.

Colbert voulut donner à la France la suprématie économique sur toutes les nations européennes. C'est pour cela,
qu'il essaya d'unifier et de centraliser la France, au point de
vue économique, qu'il donna une impulsion si énergique à
l'industrie et qu'il força, pour ainsi dire, les Français à
travailler, même malgré eux, afin de développer et d'accroître de plus en plus la production nationale. Mais Colbert
ne voulait cette suprématie économique de la France que
pour mieux assurer sa suprématie politique. La politique
économique de Colbert n'a jamais été, en définitive, que
l'auxiliaire de sa politique proprement dite. Cette politique
le conduisit, ainsi que nous avons essayé de le démontrer

dans notre introduction, à adopter une doctrine politique,
qui fait de l'État la seule raison d'être de la nation et lui su-
bordonne tout autre intérêt. Il identifiait en quelque sorte
l'État avec la nation (1), et cela au seul profit de l'État.

Nous allons montrer, maintenant, comment de cette
doctrine, peuvent se déduire, par un enchaînement rigoureux,
la plupart des principes économiques, qui ont eu une
grande influence sur ses réformes.

De cette conception de l'État, est sorti tout un système
économique, parfaitement homogène et cohérent, mais repo-
sant sur une erreur essentielle, qui était de confondre ce qui
fait la richesse d'un État avec ce qui constitue la richesse
même d'une nation. Cette confusion est l'origine de toutes
les erreurs du système de Colbert. Cela est si vrai, que
beaucoup de ces préceptes sont vrais, quand ils sont restreints à l'économie privée de l'État, et ne deviennent faux
que lorsqu'ils sont étendus à l'économie publique de la
nation. C'est ce que nous allons rapidement exposer.

La proposition fondamentale du système de Colbert est
celle-ci : L'or et l'argent sont pour une nation, non pas,
peut être, les seules richesses, mais les premières et les plus
importantes de toutes, celles qui lui permettront d'acquérir
toutes les autres et de s'assujettir, en quelque sorte, l'uni-

(1) J'oppose ici l'État à la nation, en prenant le mot État comme
synonime du mot gouvernement. On dit très bien en effet : « Telle
personne intente un procès à l'État » ou « l'État est propriétaire
de telle forêt, de tel maison » etc., etc., pour dire que l'on a un
procès avec le gouvernement, que le gouvernement est propriétaire
de tel immeuble.

vers entier (1). Or, rien n'est plus vrai, lorsqu'il s'agit de l'État. L'État, en effet, se présente à nous, au point de vue économique, comme une personne une et parfaitement distincte dans son action, de la masse des citoyens qu'il gouverne. L'or et l'argent sont donc, pour lui, la richesse par excellence, parce que leur possession lui donne la possibilité de satisfaire, par l'échange, à tous ses besoins. Mais il n'en est plus de même, quand il s'agit de cette collectivité d'individus qui s'appelle une nation. Pour cette collectivité, prise dans son ensemble, l'or et l'argent ne représentent qu'une richesse relative, parce qu'ils ne peuvent, par eux-mêmes, donner satisfaction qu'à une partie de ses besoins ; à ceux qui tiennent à la nécessité, où se trouve toute société économique d'une certaine importance, de se servir d'instruments d'échange.

La nécessité de se procurer de l'or et de l'argent prime donc pour Colbert toutes les autres questions ; elle forme le centre de son économie politique ; elle domine et explique toutes les autres. C'est pourquoi notamment, il a concentré tout l'effort de sa politique économique sur la réglementation de l'échange, parce que, l'or et l'argent, étant des instruments d'échange, susceptibles d'être acquis ou perdus par l'échange, il était d'une souve-

(1) INGRAM, *loc. cit.*, p. 56, let., inst. et mém., t. II, p. 1, p. 269, de l'introduction. — Rapport sur le commerce, du 3 août 1664. L. inst. et même t. 2 part. 1 p. 269 de l'Introduct. : « Je crois que l'on demeurera facilement d'accord de ce principe, qu'il n'y a que l'abondance d'argent dans un État qui fasse la différence de sa grandeur et de sa puissance. »

raine importance que l'État intervint dans le fonctionnement de ce phénomène économique. L'idéal de Colbert est,
en résumé, de voir la nation à laquelle il appartient, acquérir
assez d'or et d'argent, pour tenir à sa merci toutes les
autres nations, et les faire servir à sa grandeur politique.
Tel était bien, du reste, le but que poursuivait Colbert,
quand il voulait que la France utilisa elle-même ses
subsistances et ses matières premières, acheta même celles
que produisaient les autres pays, afin de pouvoir leur
vendre très cher une grande quantité d'objets manufacturés, et leur prendre, de cette façon, la plus grande
partie de leur stock monétaire. Pour faciliter la réalisation
de ce plan, Colbert attribuait à l'État un pouvoir de réglementation et de contrôle véritablement excessif, qui aboutissait finalement à mettre entre ses mains la richesse
du pays tout entier. Le rêve de Colbert était de faire,
en quelque sorte, de l'État, le banquier de la nation,
chargé de fournir à chaque producteur l'or et l'argent qui
lui étaient nécessaires, pour continuer à produire, mais, de
les lui fournir suivant la valeur de sa production, et dans
la mesure où elle était utile à l'État (1).

Ce rôle exagéré, attribué à l'or et à l'argent, n'est pas
toujours bon, au point de vue pratique de la politique économique ; il aboutit, en outre, à des conséquences absurdes,

(1) Voir là-dessus le très important « Mémoire sur les finances
(1670) » publié par P. CLÉMENT, dans ses lettres mémoires et instructions de Colbert au t. VII, no 15, de la page 233 à la page
256.

au point de vue théorique, à la confusion des notions économiques les plus élémentaires (1).

En prenant, en effet, l'or et l'argent, qui ne sont qu'une des formes de la richesse, pour une richesse supérieure à toutes les autres, Colbert commettait une très grave erreur, qui l'entraîna à des confusions dangereuses.

C'est ainsi qu'il divisa toutes les formes de la richesse en autant de catégories distinctes, suivant leur plus ou moins de facilité à être converties, par l'échange, en or ou en argent. Prenant ensuite cette idée, comme point de départ, il en arriva, tout naturellement, dans ses raisonnements sur la richesse, à ne plus considérer que les métaux précieux, qui deviennent pour lui, la suprême richesse. C'est ce qui permet de comprendre, comment beaucoup de ses propositions, d'une fausseté évidente, quand il s'agit de la richesse en général, ont une grande apparence de vérité et sont vraies quelquefois, si l'on ne considère que l'or et l'argent.

C'est ainsi que l'or et l'argent deviennent pour Colbert la richesse par excellence, parce que cette richesse, au point de vue où il se place, contient toutes les autres. Il est facile, en effet, quand on possède cette richesse, de se procurer, par l'échange, toutes les autres.

C'est pourquoi encore, l'échange apparait à Colbert, comme le phénomène le plus important de l'économie politique, parce qu'il est susceptible de faire perdre ou acquérir toute richesse. L'or et l'argent, en effet, étant, avant tout,

(1) H. DENIS, loc. cit., p. 9, et suiv.

des instruments d'échange se perdent et s'acquièrent principalement par ce moyen, or, comme ils constituent la richesse par excellence, celle qui les contient toutes, leur perte ou leur acquisition équivaut à la perte ou l'acquisition de toutes les autres. Colbert est ainsi amené à distinguer dans l'échange, qui se fait par l'intermédiaire de la monnaie, l'acte par lequel on acquiert l'argent, c'est-à-dire, la vente, et l'acte, par lequel on le perd, c'est-à-dire, l'achat. Il fait ensuite de ces deux actes, dont la réunion constitue, en réalité, un seul échange, deux sortes d'échanges bien distincts. Or, comme tout échange ainsi conçu est nécessairement soit un achat, soit une vente, il y a aussi nécessairement dans tout échange, une partie qui perd, lorsqu'elle vend, et une partie qui gagne, lorsqu'elle achète, et qui gagne exactement ce que l'autre perd. C'est ce qui explique, comment tous les efforts de Colbert tendent à faire prédominer les ventes sur les achats, dans les relations commerciales de son pays avec l'étranger.

Cette tendance l'amena ainsi à confondre, dans une certaine mesure, l'importation avec la consommation et l'exportation avec la production.

Cette conception erronnée de la production et de la consommation des richesses empêcha Colbert de se faire une idée exacte du capital et de son rôle économique. Il ne reconnaissait guère, à côté du travail et de la terre, que la monnaie elle-même, comme troisième facteur de la production. Pour lui, le capital ne se distinguait donc pas de la monnaie, qui n'en est cependant qu'une des formes les moins importantes. C'est pourquoi, le moyen le plus efficace, à ses yeux, pour augmenter la production, est d'activer la circulation de l'argent, afin d'augmenter de plus en plus son action et d'en multiplier en quelque sorte les bons effets. Il pensait que l'abondance de la production était liée à l'activité de la circulation monétaire.

Mais, le facteur le plus important, dans la formation de la richesse, est, pour Colbert, l'État. C'est lui, en effet, qui protège la nation contre l'étranger et qui, par la direction qu'il donne à la politique commerciale extérieure et à la production nationale, permet à cette même nation de conserver et d'augmenter l'or et l'argent qui contiennent l'équivalent de toutes les richesses. C'est lui encore qui, en donnant à la monnaie sa valeur légale, en veillant à sa répartition dans tout le pays et en protégeant les échanges, permet à la production nationale de naître, de s'étendre et de conquérir même l'or et l'argent des étrangers. C'est donc, en quelque sorte, par l'intermédiaire de l'État, que se forme et s'accroît la richesse : les particuliers n'en fournissent que les éléments ; ils ne sont, si j'ose ainsi m'exprimer, que des fonctions de l'État.

La doctrine économique de Colbert est ainsi complète : elle se rattache à l'État à son point de départ et à son point d'arrivée. Née, en effet, du besoin d'enrichir l'État, elle aboutit à reconnaître que c'est l'État lui-même qui aide le plus puissamment à la formation de la richesse.

C'est ce caractère d'étatisme, qui est à la racine de cette doctrine, que l'on a le plus violemment attaqué chez les mercantilistes et en particulier chez Colbert, et non sans raison (1). On compromettait ainsi, en effet, tout à la fois la nation et l'État lui-même ; la nation, d'abord, parce que, en substituant trop souvent son iniative à celle des particuliers, sous prétexte de la diriger, l'État risquait fort de paralyser toute activité économique dans le pays ; l'État ensuite, parce que, en acceptant la lourde responsabilité de mettre en mouvement et de conduire tous les rouages de la vie économique de la nation, l'État s'exposait à se voir désavoué par elle, le jour où, pour une raison ou pour une autre, ces rouages fonctionneraient trop mal (2). C'est ce qui arriva à l'État de l'ancien régime, en 1789 (3).

Il est juste, maintenant, de reconnaître que le système de Colbert a contribué, plus que tout autre doctrine, à développer le sentiment de l'unité nationale en France, même au point de vue économique et est arrivé a créer dans tous les États d'Europe une émulation féconde sur le terrain économique, émulation qui a tourné, malgré tout, au profit de la civilisation et du bien-être des penples. C'est par là que

(1) Voir à ce sujet *Nouveau Dictionnaire économique*, de Léon SAY et J. CHAILLEY, édltion de 1892, art. « Liberté des Échanges ».

(2) H. HECHT, *loc cit.* p. 69.

(3) Dès le XVIIe siècle ce résultat pouvait être prévu : Voici en effet ce que dit un ambassadeur vénitien : « Tout le monde soupire après la fin de ce régime ; car un seul jour peut facilement bouleverser et culbuter ce que tant de temps, de pienes et de soins ont réussi à soumettre au pouvoir souverain du roi ». V. Let., inst. et mém., t. VII, p. 180.

l'œuvre de Colbert, le plus remarquable des hommes d'État de son temps, se recommande à l'admiration de la postérité (1).

(1) Ch. GOURAUD, *loc. cit.*, p. 253. — LEVASSEUR, *loc. cit.*, t. II, p. 338 et suiv. — JOUBLEAU, études sur Colbert, t. II, p. 231. — P. CLÉMENT, histoire de Colbert, t. I, p. 331.

TABLE DES MATIÈRES

INTRODUCTION

DE MAZAN

CHAPITRE PREMIER

POLITIQUE GOUVERNEMENTALE DE COLBERT

CHAPITRE II

POLITIQUE FINANCIÈRE

CHAPITRE III

POLITIQUE DU COMMERCE EXTÉRIEUR

CHAPITRE IV

POLITIQUE DU COMMERCE INTÉRIEUR ET DE L'INDUSTRIE

CHAPITRE V

POLITIQUE AGRICOLE

CONCLUSION